GUIDE TO HEALTHCARE
CROSS-BORDER INVESTMENT

中国医疗企业跨境投资导读

中国投资有限责任公司研究院　编写

人民出版社

丛书编委会

主　　编：彭　纯

副 主 编：居伟民　杨国中　屠光绍　刘　珺　沈如军
　　　　　郭向军　祁　斌　潘岳汉

执行主编：祁　斌

写作小组组长：陈　超　盛伟华
写作小组成员（按姓氏拼音排序）：
　　　　　　贾　非　刘　烜　李　佳　刘少伟　聂　汝
　　　　　　全文磊　邵亚楼　盛伟华　田勤政　唐昇儒
　　　　　　王尔康　王　锦　王中阳　危结根　吴撼地
　　　　　　许　真　张　栩　赵墨盈　邹　琳
校　　审（按姓氏拼音排序）：
　　　　　　鲍建敏　陈　佳　田　园　王　艳　张　硕

本书执笔：聂　汝

总　序

　　改革开放以来,我国经济发展取得了举世瞩目的成就,经济总量跃居全球第二,7亿多农村人口摆脱贫困,创造了史无前例的奇迹。但新时代我国仍然面临新的挑战。从经济发展阶段来看,尚未脱离所谓的"中等收入陷阱"。从金融发展水平来看,间接融资仍占绝对主导地位,不利于创新经济的发展,也孕育着潜在的系统性风险。从国际环境来看,经济全球化遭遇暗流,发达国家保护主义上升,文明冲突与地缘政治因素错综交织,而中美贸易摩擦更是提醒我们在中华民族的伟大复兴的道路上不会一帆风顺。

　　面对百年未有之变局,党的十九大提出以推进供给侧结构性改革为主线应对我国经济社会发展的内部挑战;积极促进"一带一路"国际合作,坚持"引进来"和"走出去"并重,推动形成全面开放新格局来应对国际挑战。

　　作为中国对外投资的旗舰平台,中投公司成立12年来搭建了专业化的投资团队,树立了专业、负责的良好国际形象,成长为全球第二大主权财富基金,境外投资年化收益率达 6% 以上,并在帮助中国企业"走出去"方面积累了较多宝贵经验。在对外投资环境日趋严峻的新形势下,中投公司要在更高的水平上再出发,服务国家全方位、多层次、多领域的对外开放格局,围绕创新对外投资方式、加强国际产能合作,开展"中国视角"投资,积极参与"一带一路"建设。"中国视角"是中投公司的独特优势,中投公司通过在跨境投资中结合"中国视角",对内助力我国产业升级、推动供给侧结构性改革,对外帮助国外企业扩大中国市场,实现互利共赢,为中国企业"走出去"和海外资本"引进来"提供平台支持和服务,以促进"走出去"和"引进来"良性互动。

为深入了解中国需求以落实中国价值创造,同时寻找多方互利共赢的跨境投资机会,中投公司研究院编写"跨境投资导读"系列丛书。丛书聚焦"四大行业"(TMT、医疗、制造、消费)和"四大区域"(美国、欧洲、日本、"一带一路"沿线)。"四大行业"是当前跨境投资最活跃的领域,也是我国加快结构调整和产业升级的重要着力点。"四大区域"是按照主要国家和地区产业发展水平的阶梯差别选取的,是当前全球经济最活跃的地区。行业丛书从"中国视角"出发,系统地梳理和研究了不同行业的跨境投资情况和需求。

中投研究院在丛书编写过程中,对境内外产业界和投资界进行了广泛的资料搜集和调研访谈,力求客观全面,希望能够为企业海外投资实践有所启发和帮助。欢迎各界读者联系我们交流讨论。

目 录

导　语　全球与中国医疗市场概览 ················· 1

宏　观　篇

第一章　医疗行业跨境并购简析 ················ 9

　　第一节　医疗行业跨境并购的驱动因素 ········· 9

　　第二节　医疗行业跨境并购的日本模式与印度模式 ······ 16

第二章　医疗行业跨境并购的历史 ··············· 28

　　第一节　中国医疗企业海外并购的四个趋势 ········ 28

　　第二节　中国医药企业跨境并购的历史阶段 ········ 33

第三章　中国医疗行业的发展方向 ··············· 36

　　第一节　中国医疗行业的三大痛点 ··········· 36

第二节　中国医疗新政下的重点发展主题 ……………………… 40

微 观 篇

第四章　医药行业的跨境并购方法论 ……………………… 49

第一节　创新药行业 ………………………………………… 49

第二节　仿制药行业 ………………………………………… 69

第五章　医疗器械行业的跨境并购方法论 ………………… 81

第一节　医疗器械行业概述 ………………………………… 81

第二节　我国医疗器械行业分析 …………………………… 85

第三节　海外医疗器械行业分析 …………………………… 99

第四节　医疗器械行业海外并购案例分析 ………………… 109

第五节　思考与建议 ………………………………………… 115

第六章　医疗服务行业的跨境并购方法论 ………………… 118

第一节　医药研发和制造的外包服务行业 ………………… 118

第二节　辅助生殖行业 ……………………………………… 143

公司名称索引 ………………………………………………… 163

资料来源索引 ………………………………………………… 174

致　谢 ………………………………………………………… 176

导　　语
全球与中国医疗市场概览

　　当前全球医疗市场方兴未艾,中国已成为全球第二大医疗市场,而随着老龄化、城镇化的加速,环境变化带来居民发病率上升,中国医疗市场将迎来快速增长期。

　　2016年全球医药市场规模达1.1万亿美元,2011—2016年的年均复合增长率达5.3%,如图1所示。中国已成为全球第二大医药消费市场,如图2所示。同时也是第一大原料药出口国。未来随着中国人口老龄化程度加深、城镇化加快、环境恶化、人均国内生产总值的提升以及商业健康保险的逐步发展,中国正进入医疗需求的爆发期。

　　改革开放以来,中国的医疗卫生体制经历了巨大的变革。医疗健康市场从无到有,取得了长足发展。受益于医疗保险的基本全覆盖,卫生总费用从2000年的4586.6亿元增长到2015年的40974.6亿元,15年间的年均复合增长率达15.7%,如图3所示。医药市场发展迅猛,根

图 1　全球药品市场规模与增速

资料来源:IMF

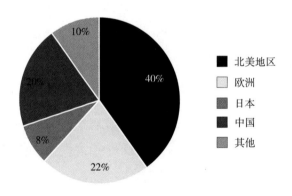

图 2　全球药品市场分布

资料来源:IMF

据中康 CMH 监测数据,2008—2016 年城市等级医院、县域等级医院、药店、城市基层医疗、农村基层医疗和网上药店六大终端的药品销售规模从 4835 亿元增长至 14909 亿元,年均复合增长率为 15.1%。从床位数来看,2006—2016 年中国卫生机构床位数由 351.2 万张增加到 741 万张,10 年的年均复合增长率为 7.8%。从保险覆盖上看,我国目前基本医疗保险参保人员覆盖率已达 95% 以上。

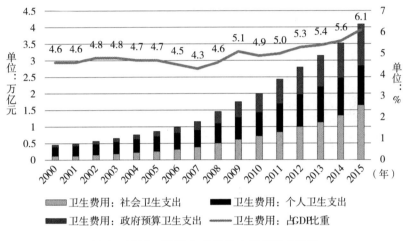

图 3　2000—2015 年我国卫生费用组成情况

资料来源:国家卫生和计划生育委员会编:《中国卫生和计划生育统计年鉴》2016 卷,中国协和医科大学出版社 2016 年版。

经过多年的大力发展,我国医疗支出仍远低于发达国家,增长潜力巨大。从总费用看,我国医疗卫生消费水平仍然远远低于国际水平。2014 年我国医疗卫生总支出占 GDP 的 5.6%,低于世界平均水平 9.9%,更低于美国的 17.1%。从人均支出来看,2015 年我国人均医疗卫生支出 465 美元,约为美国人均医疗卫生支出的 4.5%。从药与非药的支出结构看,2015 年中国医药费用 1080 亿美元,占卫生总费用的 17%,美国的处方药消费占卫生总费用的比例仅为 10%①。这说明我

①　The Centers for Medicare & Medical Services, *National Health Expenditures 2016 Highlights*.

国在非药领域,尤其是医疗服务领域的消费空间仍有巨大上升空间。从人均医疗服务资源看,我国目前的人均医疗服务资源与发达国家相比明显不足:2016 年中国每千人口执业(助理)医师 2.3 人,2013 年美国每千人 2.9 位医生。

目前,中国正进入医疗需求的爆发期,体现在以下三个方面:

首先,老龄化从两个方面影响了医疗资源的需求,一方面是患病人数的增多,与年龄相关的疾病的发病率,如心脑血管疾病、恶性肿瘤、糖尿病、呼吸系统疾病、老年痴呆等的发病率,将随着老龄化加速而逐年升高,从两周就诊率即可看出老年人的发病率比其他年龄段的发病率都要高,如图 4 所示;另一方面是延长了医疗消费长度,从而增大了一生的医疗消费,老龄阶段的医药消费可以占到一生医药消费的 90%。

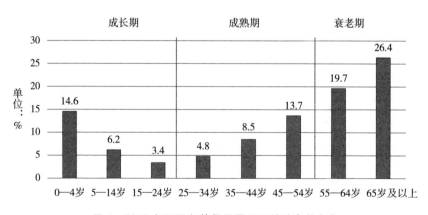

图 4　2013 年不同年龄段居民两周就诊率的变化

资料来源:Wind

其次,城镇化导致高血压、糖尿病等慢性病蔓延,以高血压为例,中国在 1958—1959 年、1979—1980 年、1991 年和 2002 年进行过四次全国范围内的高血压抽样调查,15 岁以上人群高血压的患病率分别为 5.1%、7.7%、13.6% 和 17.7%;总体上来看,高血压呈上升趋势。城镇化同时导致了患病低龄化趋势,仍以高血压为例,20 年间,儿童青少年的高血压患病率由 1991 年的 7.1% 增长到 2010 年的 14.5%。

再次,由于环境变化,呼吸道疾病、癌症等疾病的发病率与死亡率均大幅上升。如呼吸系统疾病的死亡率在 2010—2015 年的年均复合增长率为 1.4%,癌症发病率年平均增长率约 4%。与发达国家相比,中国在肺癌、肝癌、胃癌和食道癌方面的发病率和死亡率均高于发达国家,如图 5 所示。

总体来说,中国医疗市场空间大、增速快、需求旺盛,是值得投资人和实体企业重视的好行业,另一方面,投资人和实体企业应重视通过跨境并购可以迅速提高医疗企业竞争力的发展路径。

本书主要介绍了中国医疗行业进行海外并购的方法论,分为宏观篇和微观篇。宏观篇介绍了当下中国医疗企业跨境并购的驱动因素与日本和印度医药企业进行跨境并购的模式,回顾了中国医疗行业跨境并购的历史趋势与发展历程,并探讨了中国医疗行业未来的发展方向。微观篇重点探讨了医药、医疗器械和医疗服务行业的国内外市场对比分析、跨境并购案例和相关总结建议,其中医药行业讨论了仿制药和创新药,医疗器械行业中关注了体外诊断和高值耗材,医疗服务重点分析了医药研发制造外包服务和辅助生殖行业。

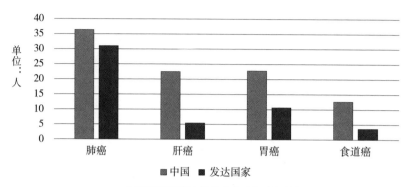

a. 2013年世界不同癌症的发病率（每千患者）

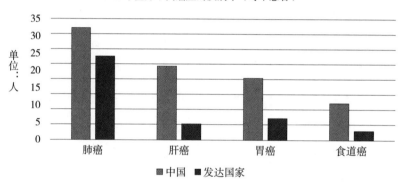

b. 2013年世界不同癌症的死亡率（每千患者）

图 5 2013 年世界不同癌症的发病率与死亡率

资料来源：世界卫生组织（WTO）

宏 观 篇

　　宏观篇探讨了中国医药企业进行海外并购的动力,介绍了先发者——日本和印度医药企业的跨境发展模式,回顾了中国医药企业跨境并购的历史阶段,分析了中国医疗企业海外并购的四个趋势,并从政策面和基本面的角度指出中国医疗行业有三个主题值得重点布局发展:(1)工艺主题,解决质量痛点,顺应医药供给侧改革;(2)技术主题,解决创新痛点,提供研发门槛高的产品;(3)模式主题,解决结构痛点,提供丰富的医疗服务资源。

第 一 章

医疗行业跨境并购简析

中国正迎来医药企业海外投资并购的历史机遇期,即从医药大国走向医药强国的历史转折点,国内市场整体技术薄弱,与海外企业差距较大,同时海外存在丰富的投资标的,估值较国内偏低。此外,全球医药市场20世纪90年代以来也经历了一轮并购重组浪潮,我们通过介绍日本与印度医药企业的海外并购模式,为中国医药企业的海外并购提供方向与策略。

第一节　医疗行业跨境并购的驱动因素

中国已经是全球排名第一的制造业大国,但在制药和医疗器械行业的全球50强中鲜见中国企业。为实现医药制造业的"中国梦",提升中国医疗行业生产标准及国际竞争力,海外投资是必不可少的一种发展手段。

一、中国处于从医药大国走向医药强国的关键时间点

经过多年的发展,中国制药企业已经完成"引进来"的第一步,具备"走出去"参与跨境投资并购的实力。借助全球原料药产能重心转移趋势和成本优势,中国已成为全球第一大原料药生产国原料药的出口接近世界原料药市场份额的 20%。目前中国是除美国以外拥有最多美国食品药品监督管理局(FDA)认证的药品生产基地,如图 1-1 所示,并拥有数量世界排名第三的活跃类药物主控文件,如图 1-2 所示。

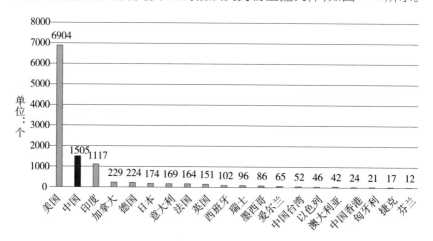

图 1-1　各个国家和地区拥有的 FDA 认证的药品生产基地数量
（截至 2016 年 8 月）

注:中国数据未包含港澳台数量。
资料来源:FDA

来自政策(如中央人才工作协调小组实施的海外高层次人才引进计划)和人才的支持、大量海外科研人员、曾任职于跨国的技术与管理人

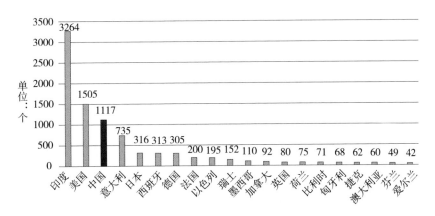

图 1-2　2013 年各国拥有的Ⅱ类原料药的药品主控文件数量

资料来源:FDA

才、曾任职于 FDA 的高端人才等陆续归国),对基础研发的重视(生命科学论文数量位居世界第二),以及快速增长的研发费用(如图 1-3 所示),使得国内主流医药企业申报创新药数量开始井喷,如图 1-4 所示。目前,中国已成为亚洲最大的新药研发国,同时也是全球第四大新药研发国。

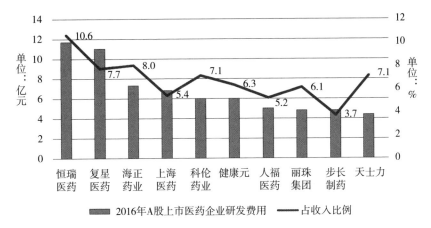

图 1-3　2016 年国内 A 股上市医药企业研发费用前 10 名的企业

资料来源:各公司年报

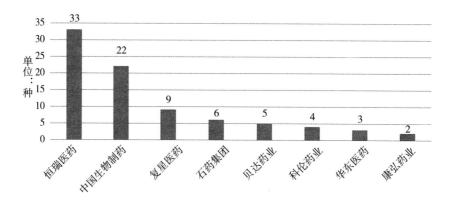

图 1-4　截至 2017 年年底国内主流研发型医药企业申报的创新药数量

资料来源:Wind

在原料药和仿制药的工业基础之上,我国企业已经积累了一定的出口经验和生产研发能力,国内市场的销售已成为现金牛业务,中国医药企业开始迈入重视研发、形成规范市场的阶段,即以国际仿制药和专利新药为主的新阶段,并开始进入国际并购投资的早期阶段,即在海外收购产品,共同进行创新研发或获取成熟的技术与研发平台,在获取海外市场、扩充新产品线的同时,把在全球市场可能有商业价值的产品转让给国际医药企业,获取全球注册与认证,如表 1-1 所示。

表 1-1　国内新药以高价转让给国际医药企业

转让方	时间	受让方	药品名称	具体方案
正大天晴	2016 年 1 月	强生	抗 HBV 小分子	强生支付总额达 2.53 亿美元首付款及里程碑款,上市后销售还有提成。
恒瑞医药	2015 年 9 月	因赛特（Incyte）	PD-1 单抗	因赛特（Incyte）支付首次 2500 万美元里程碑款,若顺利海外上市恒瑞医药将获得 7.9 亿美元里程碑款。

续表

转让方	时间	受让方	药品名称	具体方案
信达生物	2015 年 1 月	礼来	PD-1 单抗	信达生物与礼来达成三个肿瘤免疫治疗双特异性抗体药物的全球开发合作协议,里程碑付款总金额超过 10 亿美元。
康方生物	2015 年 12 月	默沙东	AK-107	默沙东将获得康方生物的化合物 AK-107 的全球独家开发和推广权,默沙东支付一笔前期付款,以及总价为 2 亿美元、涵盖开发和推广的阶段式付款。

资料来源:Wind

二、技术差距

虽然我国在多个领域实现了创新突破,但是由于历史积累不足,我国医疗行业与国外仍有较大的技术差距,可以通过海外投资来弥补技术上的差距。从上市研发前的产品数量占全球产品的比例(中国仅4.1%)和上市后的新药数量占全球新药的比例(中国仅 2.5%)这两个指标来看,中国目前处于第三梯队,第二梯队包括日本、英国、德国等,第一梯队为美国。从各国领先医药企业的仿制药与新药申请数量来看,中国领先的医药企业仍然大幅落后于全球领先者如以色列梯瓦、印度太阳药业,如表 1-2 所示。通过收购欧美日各国的先进技术与产品,并成功进行技术转移,可以有效提升我国医疗产业的国际竞争水平。

表1-2　各家公司获得美国仿制药(仅限处方药)审批批准的数量
(截至2016年8月)

制造商	国家	美国仿制药的简略新药申请(个)	新药申请(个)
迈兰	美国	542	21
梯瓦	以色列	404	11
太阳药业	印度	203	16
奥贝泰克(Apotex)	加拿大	191	2
华生制药	美国	196	2
古董制药(Vintage)	美国	145	
瑞迪博士	印度	138	14
巴尔(Barr)	美国	110	
塔罗(Taro)	以色列	121	5
华海药业	中国	16	
石药集团	中国	5	
海正药业	中国	3	
兰伯西	印度		9
齐鲁制药	中国	8	
武田药品	日本		19

资料来源:FDA橙皮书数据库

三、估值套利

受困于支付方控费等原因,海外的医药企业估值普遍处于低位,反观国内市场,受益于医改利好政策,中国上市公司在2017—2018年上半年一度出现了"吃药"行情,医疗行业估值高企,诸如恒瑞医药、泰格医药等公司的市值节节新高,海内外形成显著的估值剪刀差。以股票市场为例,沪深300医药卫生指数的市盈率高于印度国家证券交易所

CNX Nifty 制药指数、日本东京证券交易所 Topix 医药指数、美国标准普尔 500 医疗保健指和欧洲富时 350 制药与生物科技指数,仅低于正处于历史高位的韩国证券交易所医药指数和拥有众多创新型公司的纳斯达克生物科技指数,如图 1-5 所示。

图 1-5　2013—2018 年各国医疗指数的估值对比

资料来源:彭博社(截至 2018 年 9 月 28 日)

四、海外丰富的可投资标的

由于各国药价控制趋势日益显著,鼓励使用仿制药的措施陆续出台,海外不少大型医药企业、医疗器械公司正在剥离非核心资产,从而提升核心业务的专注度;市场集中度的不断提升使海外众多的中小型制药企业生存日益艰难。另外,大量创新生物制药企业如雨后春笋般出现,但是依靠自身难以维持高昂的研发支出。大型医药企业的非核心资产、中小制药企业以及大量的创新生物制药企业构成了海外丰富的可投资标的。中国医药企业如果并购整合这些海外可投资标的,可以达到扩充自身的产品线、增强研发实力以及进行海外市场布局的效果。

五、升级产品和市场的原动力

在国内控费趋严和鼓励创新的大环境下,只有拥有大量储备研发药物并持续推出新药的公司才有希望成为未来行业龙头,海外市场的产品定价和毛利润较高,如图1-6所示。创新药在欧美市场经过3—5年即可达到销售峰值(相比之下,由于复杂的省级药品集中采购制度,创新药在中国市场需要8—10年的时间达到销售峰值),因此为了最大化创新的商业价值并成为新的业务增长点,国际扩张势必成为中国领先医药企业的长期战略。

第二节　医疗行业跨境并购的
日本模式与印度模式

制药业是一个高度集约化、国际化的产业,自20世纪90年代以来,全球制药业就掀起了并购和重组浪潮,制药企业通过资产集中、经

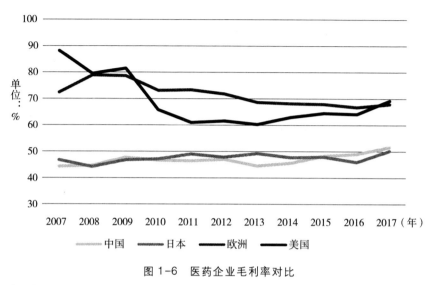

图 1-6 医药企业毛利率对比

资料来源:彭博社、Wind

营统一、产业整合等各种方式来提高自身核心竞争力。企业并购能够
使企业扩大经营规模、增加市场份额并以低成本进入新领域,从而实现
企业的跨越式发展。

一、日本模式的启示

受困于本土市场控费政策的环境,日本医药企业从 20 世纪 80 年
代即开始了海外扩张,从而在日本市场增速放缓的背景下发掘出了新
的增长点。

日本制药行业在 70 年代没有相关制药方面的积累,仿制药研发属
于"门槛低、周期短、见效快、收益高"的行业,此时日本制药企业在本
国仿制药市场中成为主角。同时,因为厚生劳动省特殊的新药审批政

策,过于重视新药的安全性而忽视有效性,所以日本制药企业研发的新药往往只能在日本上市,也就是"本土新药",1980—2000 年之间日本国内上市了数百款仅在日本本国市场销售的 me-too 药物①,"本土新药"占日本新药市场的比例一度超过了 40%。而海外市场,尤其是美国 FDA 对于新药的审批,限制了日本制药企业对海外市场的开拓。此时日本企业海外并购业务并未过多开展。

20 世纪 90 年代经济泡沫破裂,政府为吸引外商投资取消了医药行业保护性条约,才促使日本开始认真布局海外市场。颁布的新政包括:新药临床研究通过后审批时间由 2—3 年缩短为 1 个月;1993 年日本宣布在五年内消除药品和医疗器械等产品的关税和非关税壁垒。此外,从 1998 年开始,日本采用国际人用药品注册技术协调会(ICH)制定的国际通用临床规则。在此政策环境下,日本国内制药企业开始真正受到海外制药企业的挤压,同时,日本制药企业缺乏海外药品推广的经验和人才,尤其是缺乏熟知美国 FDA 关于新药严格审批和质量验证方面规则的人才,导致日本制药企业海外市场拓宽艰难,所以日本制药企业开始通过多种方式布局全球产业链:

1. 授权跨国医药企业代理公司的产品,收取 10% 左右的代理费;

2. 在欧美成立合资企业,以合资企业的名义引进日本企业的新药;利用合资企业的本土人才去美国 FDA 注册新药、推广新药;

3. 通过日本境内与跨国企业的合资企业生产药品,进入欧美规范市场;

---

① me-too 药物特指具有知识产权的药物,其药效与同类的突破性药物相同。

4.收购兼并规范市场的中小制药企业,利用中小企业的人力资源完成药品注册、推广等。

此时的海外并购,更集中于海外市场拓展,重点在于学习当地药品生产规范。例如1990年,日本山之内公司在荷兰收购了皇家DSM制药公司的药品部门作为欧洲研发、生产和销售的根据地。在药品生产方面,公司派人仔细跟踪学习了规范市场生产流程,欧洲药监部门的监管政策等,数年后公司又在意大利成立了欧洲生产基地;1994年公司又以此为销售中心,把销售网点向欧洲12个国家扩张,包括法国、俄罗斯、德国等;20世纪90年代末,山之内公司基本完成了欧洲的布局。

二、日本企业成功案例:武田药品通过海外并购实现国际化布局

武田药品成立于1781年。2016年,武田药品全球营业收入15928亿日元(约160亿美元)。① 纵观武田药品的发展路径,可以概述成“大时代下的顺势而为”。第二次世界大战结束后,武田药品充分利用日本国内的医药行业政策,通过原有的研产销的路径发展维生素和抗生素业务,实现了原有技术资本的积累。1985—1999年开始了国际化扩张的道路,主要通过投资成立生产、研发和销售基地,逐步探寻各国的药品政策与销售法则,通过并购以适应不同国家和地区的市场,如表1-3所示。在日本制药企业国际化扩张及me-too药物上市爆发期中,武田药品的吡

----

① 武田药品2016年公司年报。

格列酮、亮丙瑞林微球、兰索拉唑、坎地沙坦酯等重磅产品相继上市。

表 1-3　武田药品企业历年并购交易

时间	被收购标的	交易价格（亿美元）	被收购标的的经营范围	投后整合事项	备注
2005 年	赛瑞克斯（Syrrx）	2.7	先导化合物的开发以及利用 X 射线结晶技术对先导化合物优化以开发高技术含量的新药。	扩充产品线。	获得二肽基肽酶 4(DPP-4)抑制剂（2013 年上市的尼欣那（Nesina），2016 年全球销售额 4.54 亿美元）。
2007 年	模范制药（Paradigm）	未透露		扩充产品线。	
2008 年	千禧制药	88	肿瘤药研发销售。	挽留以首席执行官德博拉·邓西尔（Deborah Dunsire）为核心的管理团队，公司文化和管理风格没有改变。不仅没有裁员，还增加了雇员和研究经费，业务更加集中。千禧制药曾成为了武田肿瘤药研发销售公司，2009 年开发的抗肿瘤药产品链也由并购前的 5 个产品增加到 14 个产品；2014 年重大重组，取代千禧品牌，成立武田肿瘤公司。	获得多发性骨髓瘤用药重磅炸弹硼替佐米（Velcade），2016 年全球销售额 27.4 亿美元。Velcade 也是过去 11 年中唯一一种已被证明能够延缓多发性硬化症患者总生存期的药物，并以此为契机构建全球肿瘤药物研发体系。

时间	被收购标的	交易价格（亿美元）	被收购标的的经营范围	投后整合事项	备注
2011年5月	奈科明（Nycomed）	137	罗氟司特（roflumilast）的专营权（Daxas®；欧洲商标名），治疗慢性阻塞性肺病（COPD）的一流药物。Nycomed总部位于瑞士苏黎世，是一家私营制药公司，在欧洲和新兴市场拥有强大业务网络。Nycomed拥有多元化的产品组合，包括处方药和非处方药产品。前者是公司收入的主要来源。Nycomed在欧洲拥有强大商业网络，在新兴市场发展势头强劲。全球药品增长中的份额超过50%来自新兴市场。	武田药品的全球业务覆盖到全球七十多个国家，处方药销售额在欧洲从第29位攀升至第18位，在金砖四国中跃至第14位。2015年剥离Daxas®业务。	
2012年	多元实验室（Multilab）	2.5	巴西本土制药公司。		拓宽新兴市场。

时间	被收购标的	交易价格（亿美元）	被收购标的的经营范围	投后整合事项	备注
2015 年	武田药品旗下的呼吸系统业务	5.8	武田药品的核心呼吸药品业务，包括可预防慢性阻塞性肺病（COPD）的药品，在美国销售的药品罗氟司特（美国商标名 Dali-resp），在欧洲销售 Daxas®。Daliresp 是 COPD 市场首个且也是唯一一个选择性磷酸二酯酶-4 抑制剂。	剥离呼吸药品业务。	收购方是阿斯利康。
2017 年 2 月	阿瑞雅德（Ariad）	52	美国抗癌药制造商。	加强在血液肿瘤领域布局，获得帕纳替尼（Ponatinib）和布吉他滨（Brigatinib）。 ①已上市的 Ponatinib(Iclusig®)，用于耐药 CML 和部分 ALL，②Ponatinib 预计峰值销售 5 亿美元，适应症有望扩展并增加收入 2 亿美元。一个晚期在研产品 Brigatinib 用于 ALK 阳性耐药肺癌（并购后 Brigatinib 已于 2017 年 4 月获得 FDA 批准上市）。Brigatinib 预计峰值销售 5 亿美元。	

续表

时间	被收购标的	交易价格（亿美元）	被收购标的的经营范围	投后整合事项	备注
					Ponatinib 本来是作为格列卫的 me-too 药物开发，但选择性远远不如格列卫。虽然 Ponatinib 因选择性低对所有对耐药的变异 ABL 蛋白有效，但也更容易造成毒副反应。2013 年 Ponatinib 因血栓和肝毒性曾被 FDA 叫停销售一段时间，后携黑框警告返市。Brigatinib 思路类似，用于克唑替尼（Crizotinib）耐药人群，目前和 Crizotinib 头对头的临床试验已经开始。
2018 年 1 月	Ti 基因制药	6.3	肿瘤学、胃肠病学（GI）和中枢神经系统（CNS）以及疫苗等关键治疗领域。扩大公司的后期消化道疾病药物研发管道，并加强其在美国专项市场的份额、开发新型干细胞疗法。	早在 2016 年与 Ti 基因制药签订了合作开发干细胞治疗药物 Cx601 的协议。	Cx601（欧洲）市场注册。 Cx601（美国）三期临床。 Cx61（静脉注射剂型）二期临床。 AlloCSC-01（冠状动脉内的）三期临床。

资料来源：公开资料整理

三、印度模式的启示

目前,在快速增长的全球医药市场中,印度制药业正以较快的速度领先发展。印度制药企业充分利用现有的优势,广泛开展国际合作和外包服务等多种发展模式,努力发展非专利药和专利药的研究、开发和生产;同时大力培育世界级制药公司,除直接设立海外分公司外,印度制药企业还通过投资并购发达国家的大型跨国企业下面的中小企业或发展中国家的中小制药企业以及新建工厂等发展模式,不断拓展其在国际市场中的份额,覆盖面涉及欧洲、美洲、俄罗斯、中东地区、非洲、拉丁美洲等国家和地区,积极参与全球医药市场的竞争。

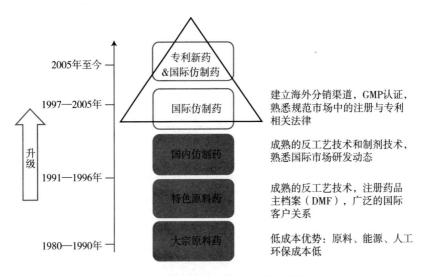

图 1-7　印度制药企业的国际化进程阶段

资料来源:公开资料整理

20 世纪 80 年代后期到 90 年代初:通过出口或合资等合作关系进入管制较为宽松的市场(非洲、东南亚地区),主要是因为这些市场的监管要求与印度市场相一致。同时,这些地区的疾病状况与印度或多或少有些相似,这就使得印度生产的药品在非洲和亚州市场具有很大的潜力。

20 世纪 90 年代末期:印度制药企业开始国际化进程,主要是加强公司在欧美市场的市场份额,印度目前已成为出口依赖型市场,主要出口原料药和仿制药。通过国际并购,印度企业获得了新的产品、达到了国际药品生产质量管理规范(GMP)生产要求、提升了营销渠道,并拥有了对大宗产品的控制权,如图 1-7 所示,从而提升了企业的核心竞争力并获得巨大的经济回报。诸如兰伯西、瑞迪博士、鲁平、西普拉等公司在美国市场的制剂销售额超过了印度本土市场的 2—3 倍,高端市场制剂出口比重占到这些公司总销售额的 20%—30%。

2000 年后:通过出口或合资等合作关系进入拉丁美洲、澳大利亚、新西兰和南非市场,这些市场的监管要求与印度相似。因为其监管要求不似非洲、亚洲那么自由,但也没有北美地区严格,亦被称为半监管市场。同时,仿制药在这些市场具有很大的潜力,能获得巨大利润。

2004 年后:通过并购、开设子公司或者建立合资关系等方式进入严格监管的市场(美国和欧洲),因为进入这些市场需要更多的前期规划和准备时间,而印度制药企业先前在国际化道路上所取得的经验能为更好地进入欧美市场打下基础。

2005 年后:通过并购、开设子公司或者建立合资关系等方式进入日本市场。2005 年前日本市场是封闭、不透明的,直至 2005 年才对外开放,并且放松了对药品的监管要求。

四、印度企业成功案例:瑞迪博士通过海外并购拓展海外市场

瑞迪博士在进行海外并购时主要有三大目标:

第一,拓展海外市场。(1)2002年,瑞迪博士启动了它的第一次海外并购案,以900万美元收购了英国BMS制药厂及其下属的药品营销和配送企业Meridian公司。BMS制药厂和Meridian公司在英国拥有完整的口服制剂生产设施和营销渠道网络,由此促使瑞迪博士进入了英国医药市场,并以此为重要起点开始布局整个欧洲的仿制药品市场。(2)2006年,瑞迪博士以4.8亿欧元收购德国第四大制药企业Betapharm公司,这是印度制药业历史上最大规模的海外并购案,这次成功的并购使瑞迪博士获得了在德国发展的平台以及产品线,为其进入欧洲市场提供了非常好的契机。(3)2009年,印度的百康(Biocon)公司并购美国的知识产权公司诺贝克斯(Nobex),这次并购不仅使印度的公司拥有了治疗心血管疾病的口服型胰岛素和口服型脑利钠肽的所有权,而且还拥有了一个知识产权平台。此外,在俄罗斯、拉丁美洲和非洲以及亚洲其他地区,瑞迪博士也拥有相当不错的基础,这些海外市场对于印度制药业走向世界起了至关重要的作用。通过企业并购,印度医药企业有机会在某一细分适应症或某一区域市场中做大做强,从而获得最大的收益。同时,并购海外企业也使印度医药企业直接获得了当地审批通过的药物,为印度制药企业进入海外市场销售及流通网络降低了准入门槛。

第二,抢占制药工艺制高点。2005 年,瑞迪博士以 5900 万美元的价格收购了罗氏制药在墨西哥的一处原料药生产基地。这处生产基地代表着全球原料药生产的最高水平和最先进的管理模式,它不仅通过了 FDA 等部门的 GMP 认证,同时还拥有一批合作紧密的跨国医药企业客户。通过此次并购,瑞迪博士以相对合适的价格获得了高端原料药的生产能力,获取了一批新的原料药采购客户,全面提升了瑞迪博士的原料药生产管理水平。

第三,强化战略联盟。2009 年,瑞迪博士与英国葛兰素史克组成战略联盟关系,两者紧密合作、共同进入除印度外的新兴国家的仿制药市场。在这样的合作中,瑞迪博士主要提供物美价廉的医药产品,依托葛兰素史克在全球各地的营销渠道以获得最大的营销收益。2010 年,瑞迪博士与印度西普拉公司达成协议,在俄罗斯和乌克兰市场中利用瑞迪博士已经建成的营销团队推广西普拉公司的药品。通过海外并购、强强联合,印度制药企业不但拓展了海外市场,而且获得了至关重要的药物专利和制药工艺新技术,为印度制药业做大做强海外市场奠定了坚实的基础。

第 二 章

医疗行业跨境并购的历史

2013—2017 年我国医疗行业进行海外并购的数量和金额均呈爆发式增长,活跃程度在近年来已经超越了日本和印度。并购的热门子行业主要集中在生物科技、化学药和器械行业,同时也包括一些远程医疗、大数据等"互联网+"行业。从区域来看,美国、澳大利亚、英国是中国医疗企业最热门的三个并购投资目的地。回顾过去是为了展望未来,我们认为在医疗企业不断增强企业自身竞争力、扩大海外市场份额的驱动力下,这些并购趋势有望持续。

第一节　中国医疗企业海外并购的四个趋势

对于当前中国医疗企业海外并购的趋势特征,我们从并购金额与数量、子行业、并购目的地和国际对比四个方面进行解读。

一、并购金额与数量

2015 年中国医疗企业在交易金额和数量两个方面开始爆发, 2017 年并购数量受到抑制,但是从交易金额来看势头正猛,如图 2-1 所示。

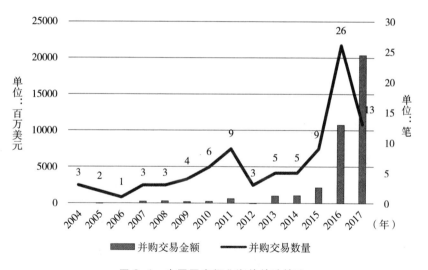

图 2-1　中国医疗行业海外并购情况

资料来源:Mergermarket

二、热门子行业:生物科技、化学药和器械行业

在制药领域,根据产品的适应症来划分,肿瘤药物、心血管疾病药

物和健康营养品都是热门并购领域,这与国内慢性病患病率增加、国民愈发注重健康消费有关。并购海外的医药企业业可以让国内企业快速获得新产品、丰富产品线并加强国际研发的能力。

在医疗器械领域,体外诊断、基因测序和创新医疗设备作为技术壁垒高、增速快的热门领域,是龙头企业收购的必争之地。

医疗服务领域则是海外并购中的最大热门,如图 2-2 和图 2-3 所示。并购海外医疗服务机构有助于企业实现国内与国外联动,海外医疗资源既可以为国内医疗机构提供管理经验、人才培训和品牌号召力,也可以进行合作办医、病患转诊等多种合作模式。投资者主要是大型医疗医药集团和保险公司。与此同时,在医疗服务领域的并购交易中,并购对象也出现了一些来自远程问诊、医疗数据平台、医疗数据传输通信等结合互联网科技领域的标的公司。

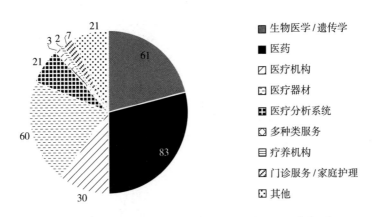

图 2-2　2007—2017 年标的公司子行业交易数量(单位:笔)

资料来源:Mergermarket

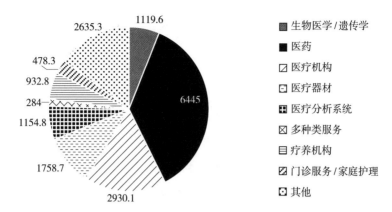

图 2-3　2007—2017 年标的公司子行业交易金额（单位：百万美元）

资料来源：Mergermarket

三、主要的并购目的地

从交易金额来看，美国、澳大利亚、英国是中国医药企业最热门的三个并购投资目的地，见图 2-4。

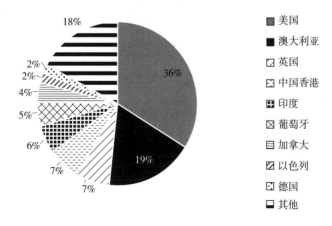

图 2-4　2007—2017 年医疗行业跨境并购目的地分布

资料来源：Mergermarket

四、强劲的并购势头

中国医药企业在 2013—2016 年的海外并购呈现井喷式状态,从 2014 年开始在并购数量和并购金额两方面全面超过日本和印度。日本的并购总金额在 2008 年和 2011 年达到高点,但自 2012 年开始有所下滑。印度的并购规模较小,历年并购总金额均未超过 20 亿美元,如图 2-5 和图 2-6 所示。

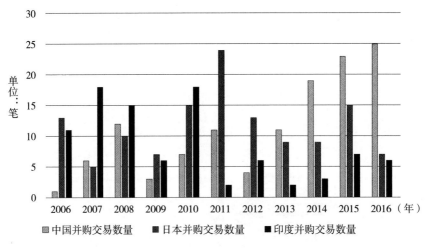

图 2-5　2006—2016 年的并购交易数量对比

资料来源:汤森路透、公司数据、花旗研究

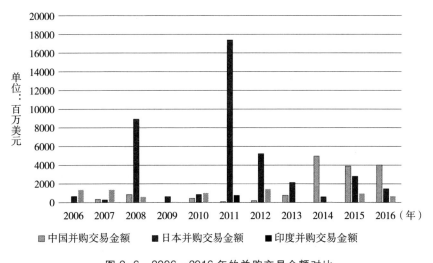

图 2-6　2006—2016 年的并购交易金额对比

资料来源：汤森路透、公司数据、花旗研究

第二节　中国医药企业跨境并购的历史阶段

中国医药企业跨境并购经历了三个历史阶段：

2007 年之前为 1.0 时代，中国医药企业跨境并购的主要驱动力为试水冲动；早年很少有中国医药企业有实力参与国际市场竞争，同时在"走出去"的过程中尚未形成战略部署和本地化的概念。1.0 时代的代表性企业以三九集团为例，从 1992 年开始，三九集团先后在中国香港、俄罗斯、马来西亚、德国、美国、南非、新加坡、日本、中东地区等国家和地区设立了营销公司，这些营销公司作为三九集团在海外的平台，帮助三九集团拓展海外市场。

2008年至2013年底为2.0时代,中国医药企业跨境并购的主要驱动力为技术需求,但部分并购交易较为盲目草率,没有提高制定好长期的投后管理战略。2.0时代的代表性企业包括早期的复星医药和迈瑞医疗。

2014年至今的3.0时代,中国医药企业跨境并购的驱动因素开始多元化,目的包括开拓海外市场、获取先进技术、丰富产品线、延伸产业链和打造品牌形象,越来越多的医药企业开始参与海外并购,详见表2-1。

表2-1 2013年至今中国医疗行业公司主要海外并购交易案例一览

上市公司	交易标的	标的所在国	交易规模（亿美元）	并购比例（%）	交易时间	行业类别
复星医药	格兰德（Gland）	印度	12.6	86.1	2016年7月	生物制药
三胞集团	丹德里昂（Dendreon）	美国	8.2	100	2017年1月	生物制药
绿叶集团	澳大利亚（HCA）	澳大利亚	6.9	100	2015年12月	医疗服务
人福医药	史诗制药（Epic）	美国	5.5	100	2016年5月	生物制药
复星医药	埃斯皮里托（Espirito）	葡萄牙	5	96	2014年1月	医疗服务
海普瑞	SPL医药	美国	3.4	100	2013年12月	生物制药
三诺生物	尼普洛	美国	2.7	100	2015年1月	医疗器械（血糖）
绿叶集团	阿西诺（Acino）	瑞士	2.6	100	2016年7月	生物制药
上海医药	维他扣（Vitaco）	澳大利亚	2.4	100	2016年8月	医疗保健用品

续表

上市公司	交易标的	标的所在国	交易规模（亿美元）	并购比例（％）	交易时间	行业类别
复星医药	飞顿医疗激光（Alma）	以色列	2.2	95.2	2013年4月	医疗器械（医疗美容）
海普瑞	赛湾生物	美国	1.8	100	2015年8月	生物科技
万润股份	MP生物医药	美国	1.4	100	2015年1月	生物制药
江河创建	视眼医疗（Vision Eye）	澳大利亚	1.3	100	2015年7月	医疗服务
迈瑞医疗	佐耐尔（Zonare）	美国	1.1	100	2013年6月	医疗器械（超声）
三诺生物	波利默	美国	1	100	2016年1月	医疗保健设备
和邦生物	斯托克顿	以色列	0.9	51	2015年11月	生物制药
三胞集团	娜塔莉医疗（Natali）	以色列	0.7	100	2014年4月	医疗服务

资料来源：公开资料整理

第 三 章

中国医疗行业的发展方向

中国的医疗行业在过去数十年取得了跨越式的发展,但目前仍然面临着质量不高、结构失衡和创新不足诸多痛点,针对这些问题的解决方案将是中国医疗企业的重点发展方向。

第一节　中国医疗行业的三大痛点

一、质量不高

从医疗行业产业链的角度来划分,上游主要有医药工业企业和医疗器械生产公司,中游主要是流通企业,下游是医疗机构、零售终端以及负责保障基础医疗的社区卫生中心与农村基层医疗。而我国的医疗行业在各个产业链均存在质量不高的情况。

医药企业方面,我国医药企业数量众多,2015年我国医药企业数量达7116家,企业规模均偏小,医药市场较为分散,我国医药工业百强的市场集中度已经从2005年的36%提升到2013年的45%,但仍低于全球百强医药企业80%以上的集中度。同时,在生产上符合药品生产质量管理规范(GMP)的医药企业却较少。例如,在国家食品药品监督管理总局(CFDA)发布2015年第117号《关于开展药物临床试验数据自查核查工作的公告》后,全国范围内开展了药物临床试验数据自查核查工作,目前CFDA已发布9期公告,要求对2116个已申报生产或进口的待审药品注册开展物临床试验数据自查核查工作。截止到2017年6月底,除258个申请减免临床试验等不需要核查的注册申请外,申请人药物临床数据自查后主动撤回的注册申请有1316个,占62.2%,在剩余的542个待核查品种中,截止到2017年6月CFDA核查小组已核查313个,占57.7%。在已核查的313个药品注册申请中,其中,涉嫌临床试验数据造假的新药注册申请16个,占94个新药注册申请总数的17%;仿制药注册申请17个,占37个仿制药注册申请总数的45.9%;进口药注册申请5个,占182个进口药注册申请总数的2.7%。临床试验数据涉嫌数据造假品种共计38个,其中仿制药注册申请的临床试验数据涉嫌造假现象最为严重,如图3-1所示。

医疗器械方面,中国医疗器械市场规模处在国际领先水平,但存在质量不高的问题。国内各大医院普遍采用国外知名品牌,国产大型器械的市场占有率仍然偏低;仿制进口医疗器械存在技术细节差异,对整体研发设计思路和深层问题不甚了解。同时,我国产业和临床需求合

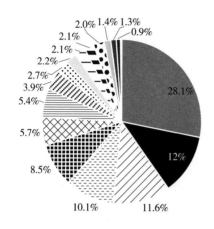

临床实验过程记录及临床检查、
化验等数据溯源方面

方案违背方面

试验用药管理过程与记录方面

安全性记录、报告方面

临床其他方面

生物样本采集、保存、运送与交接
方面

受试者筛选、入组方面

生物样本检测实验过程、记录方面

知情同意书签署方面

分析测试图谱溯源方面

伦理审查方面

检测其他方面

原始数据、统计分析和总结报告与
锁定数据库一致性方面

临床实验条件与合理性方面

生物样本管理方面

实验室检测设备与条件方面

图 3-1 核查问题分布情况

资料来源:公开资料整理

作研发模式不成熟,很难有原创性作品。

医疗服务方面,中国执业医师中硕士研究生及以上学历占比仅15%,从学历占比来看,医生水平较低,医生的理念也需要更新,比如需要多学科会诊的疾病却没有相应的医生,如图3-2所示。

二、结构失衡

就医疗服务而言,我国存在城乡医疗资源配置不均、预防资源与医

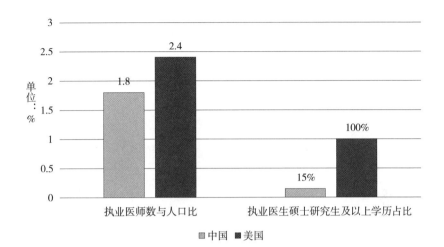

图 3-2　中美医疗服务对比情况

资料来源:国家卫生和计划生育委员会编:《中国卫生和计划生育统计年鉴》2014 卷。

疗资源不均、各级别的医院资源不均的结构失衡问题。

　　我国目前的城乡医疗资源配置不平衡。从政府行为上来说,地方财力不均衡,城市化水平越高的地区财力越雄厚,对医疗资源的投入就越多,日积月累下来就形成了医疗资源配置的城乡差距。从自由市场的行为上来说,医疗卫生领域具有市场失灵的特点,资本被吸引到价格高、利润多的城市医疗机构,而支付能力很弱的农村人群自然被资本抛弃。

　　我国预防资源与医疗资源不均。长期以来,预防为主的方针没有得到很好的落实,重治轻防,政府对公共卫生投入不足,公共卫生服务体系比较薄弱,服务能力有限,预防资源没有发挥应有的防病效益,一些地方病、职业病没有得到有效预防。

　　我国各级别的医院资源不均。医院资源集中在一线城市与三甲医院,导致一级、二级医疗服务机构医疗能力不足,对危重、高端、常规、基础疾病分层不清等问题。

三、创新不足

在研发上,由于我国法律保护化合物专利的时间较短(1993 年《专利法》才开始保护化合物专利),同时医药企业的研发投入较小,我国医药企业的创新能力较弱,药品领域一直都是仿制药独大的模式,化学药几乎都是仿制药,生物药和中药超过半数属于仿制药。根据 2014 年 CFDA 的统计数据,国内 12.2 万个化学药品批件中,95%以上为仿制药。

第二节 中国医疗新政下的重点发展主题

我国医疗政策持续更新,趋于标准化、市场化、国际化,促使我国医疗行业在存量和增量两方面都存在大量机会。综合中国在医疗健康业的痛点、政策引导和海外投资趋势,以下三个跨境投资主题值得关注:

主题一:工艺,解决质量痛点,促进医药供给侧改革。针对质量痛点,我国医疗企业除了加大自主研发力度,如加大研发人员配置、加大对先进设备的投入等以外,并购海外企业的先进工艺值得考虑。

主题二:技术,解决创新痛点,推动研发投入与进展。针对创新痛点,我国医疗企业除了加大自主研发力度、引入领先海外人才以外,可以考虑将海外的先进创新产品作为并购方向,并购方式多样,既可考虑轻资产式的品种授权引进(License-in)模式,也可考虑重资产式的并购,将海外公司发展为研发、销售和业务拓展的平台,作为国际化目标的站点。具体的合作方式包括:"海外研发+国内生产",如君实生物、诺思兰德;"海外销售+国内研发",如三生制药。

主题三:模式,解决结构痛点,支持社会力量办医。针对结构痛点,我国医疗企业除了积极响应政府政策,如建设区域医疗联合体和私有医疗机构,也可以考虑并购海外企业以引入新的商业模式,从而提高效率或提供多层次的医疗服务并解决结构失衡。

一、工艺主题

1. 一致性评价有力促进了医药供给侧改革。

仿制药口服制剂与注射剂的一致性评价工作将带动品种质量升级,推动国内产业升级。在激烈的竞争格局中,国内优秀仿制医药企业将脱颖而出,行业集中度有望大幅提升。CFDA 在一致性评价方面的政策日趋完善,如表 3-1 所示,2017 年出台的多项与一致性评价相关的公告与征求意见稿明确与完善了多方面内容,一致性评价的药品品种分为六类并提出不同的一致性评价要求;对工作各环节进行了优化调整,对于完成生物等效性(BE)试验的品种有望加快一致性评价完成速度;明确了一致性评价的申报要求和审查要点等;2017 年底出台的《已上市化学仿制药(注射剂)一致性评价技术要求(征求意见稿)》,其条款与国际最先进的注射剂药品监管法规体系接轨,在配方环节要求配方应与原研药一致,对注射剂关键质量属性列出了 22 项指标要求,并对各家企业的 GMP 提出了更高要求。

基于供给侧改革思路,一致性评价虽在短期内给国内企业带来了巨大压力,但也带来了高品质仿制药的集中度提升和替代进口药品的机会,这些洗牌后剩余的仿制医药企业将有能力按照全球最规范的要求去生产产品并参与到国际竞争中去,如果原研药厂家定价政策变化不大,那么这些企业还可以参与分配被淘汰公司与原研药厂家的市场份额。

表 3-1   中国 2017 年以来有关药品的法律政策

时间	部门	文件名称
2017 年 3 月 17 日	国家食品药品监督管理总局	《关于调整进口药品注册管理有关事项的决定(征求意见稿)》
2017 年 3 月 28 日		《总局关于发布仿制药质量和疗效一致性评价品种分类指导意见的通告》
2017 年 5 月 16 日		《关于发布仿制药质量和疗效一致性评价研制现场核查指导原则等 4 个指导原则的通告》
2017 年 5 月 22 日		《关于药物临床试验数据核查有关问题处理意见的公告》
2017 年 6 月 8 日		《关于仿制药质量和疗效一致性评价工作有关事项的公告(征求意见稿)》
2017 年 8 月 15 日		《关于推进药品上市许可持有人制度试点工作有关事项的通知》
2017 年 8 月 25 日		《关于仿制药质量和疗效一致性评价工作有关事项的公告》
2017 年 9 月 5 日		《仿制药质量和疗效一致性评价受理审查指南(需一致性评价品种)》《仿制药质量和疗效一致性评价受理审查指南(境内共线生产并在欧美日上市品种)》的通告
2017 年 10 月 10 日		《关于调整进口药品注册管理有关事项的决定》
2017 年 12 月 22 日		《已上市化学仿制药(注射剂)一致性评价技术要求(征求意见稿)》

资料来源:公开资料整理

2.上市许可持有人制度及严查注册申请中临床数据造假等政策明确了质量责任,促进药品质量升级。

上市许可持有人制度是一种与国际接轨的制度,允许药品上市和生产可以相互分离,例如拥有药品技术的药品研发机构、科研人员、药品生产企业等主体,可以通过提出药品上市许可申请并获得药品上市许可批件,并对药品质量在其整个生命周期内承担主要责任。我国的《药品管理法》与《药品注册管理办法》明确全面推行上市许可持有人制度,这有利于提高研发机构与科研人员的积极性,有效推动研发创新和研发成果产业化,从而推进我国药品的质量升级。

2017年出台的《总局关于药物临床试验数据核查有关问题处理意见的公告》明确严肃查处注册申请中临床试验数据造假行为,并对非主观故意及其他客观情况影响判定的,给予补救措施;三类不采纳意见包括"数据造假比例小不予处罚""不对申请人处罚""黑名单不列入监察员信息",对造假零容忍。

二、技术主题

企业创新药品与医疗器械积极性提升。总体上看,我国药品、医疗器械科技创新支撑不够,上市产品质量与国际先进水平存在差距。2017年中共中央办公厅和国务院办公厅出台了鼓励药品与医疗器械创新的相关政策《关于深化审评审批制度改革鼓励药品医疗器械创新的意见》,从而与国际接轨,有望满足公众的临床需求,并加速药品和器械的上市进程。创新药获得多项政策支持,如优先审评、专利补偿、及时调整进入医保目录与药品集中招标采购，与临床试验机构由资格认定转为备案制、临床试验条件与能力评价纳入医疗机构评级、优化审批程序、规定审评时限、接受境外数据等临床试验管理的多方位改革。

创新性强以及质量高的产品与研发能力强的企业竞争力提升。未来医药行业的竞争主要集中在创新能力、高质量产品以及研发能力强的企业上。2017年医保目录调整同样体现了支持创新与鼓励竞争的政策思路，有利于支持临床用药技术进步，同时利于促进我国医药行业创新发展。器械方面，政策支持力度将创新医疗器械的重要度提升至与创新药同等档次。由于医疗器械研发成本较低、转化率更高，政策有望推动医疗器械创新研发进展。

发挥市场机制的决定性作用。政策有效调动市场主体的积极性和创造性，推进供给侧结构性改革，从而使供给与需求相匹配。

满足公众对新药的临床需求。部分进口药品在国外上市的要求取消，允许同步研发申报，优化注册申报程序，鼓励国外未上市新药经批准后在国内外同步开展临床试验，从而缩短了国内外上市时间间隔，满足公众对新药的临床需求。

三、模式主题

民营资本进入全科、专科与消费医疗领域。2017年5月，国务院办公厅发布《关于支持社会力量提供多层次多样化医疗服务的意见》；2017年10月中共中央办公厅、国务院办公厅印发《关于深化审评审批制度改革鼓励药品医疗器械创新的意见》。这些政策的发布促使社会办医的限制被进一步打破,支持社会办医拓展多层次多样化服务,进一步扩大市场开放,放宽市场准入,简化优化审批服务,促进投资与合作,提升对外开放水平;强化对社会办医的政策支持,加强人力资源保障,落实完善保险支持政策,推进医药新技术新产品应用,加强财税和投融资支持,合理加强用地保障;同时,严格行业监管和行业自律,完善管理制度和标准。政策有利于社会办医规模的不断扩大、服务质量的不断提高和市场份额的不断提升。

微 观 篇

医药行业所提供的产品及服务需要经过生产商、流通商最终流向医生和病患，对于整个医疗健康产业基本框架和产业链位置、价值的掌控尤为重要。医药企业、器械厂商、流通厂商以及第三方服务企业共同组成了医疗行业生态圈，每个部分都拥有其独立的发展逻辑。药厂是整条医疗健康产业链上创造价值的最终源泉和最强驱动力；器械厂商贴近临床的特征赋予其发现价值、创造价值、传递价值的属性；医药流通行业作为连接医药制造业和终端病患消费者的桥梁，其中介功能无可替代，两票制背景下转型势在必得；第三方服务企业切分公立医院职能，有利于病患下沉和医疗资源的释放。整体来说，医疗行业作为一个防守型行业，在新的时代和技术发展风口也是一片蓝海市场。

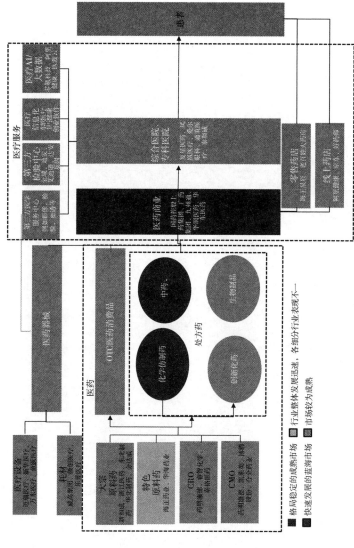

图6 医药行业产业链与中国企业示例

医药企业、器械厂商、流通厂商以及医疗服务机构共同组成了医疗健康行业生态圈。

资料来源：公开资料整理

第 四 章

医药行业的跨境并购方法论

　　创新药、仿制药、非处方药和特殊药构成了全世界药物的结构格局。仿制药是世界需求的主体,创新药是企业发展的主题。

第一节　创新药行业

　　创新药行业具有高风险高收益、行业壁垒高等特点,考验医药企业的创新研发能力。从全球市场看,创新药研发保持平稳增长,重点关注抗肿瘤与生物技术,生物药研发比重逐步提升。无论是从政策支持力度,还是从人才流入情况、研发投入等方面,中国创新药市场持续向好。专利授权、合并收购、合作研发和研发外包也成为新药研发的模式。

一、创新药行业简介

（一）定义与分类

创新药是指具有自主知识产权的药物,主要特点为具有市场独占性,产品的生产和销售由制药企业垄断,并由此带来独家定价权。在制药企业的价值链中,创新药的进入壁垒最高、风险与回报最高、竞争程度最小,处于医药价值链的最顶端,创新药研发能力也被看成是医药企业的核心竞争力。

根据美国 FDA 的规定,创新药物包括以下四类:药品中含有新化学体作为该药的活性成分;药品含已有的活性成分但这个成分在美国从未作为医学用途;药品先前已被 FDA 批准上市,但现在建议新的用法、适应症;药品先前已被批准上市,但现在建议的剂型、给药途径或其他重要条件不同于先前批准的药品。目前创新药物的主要研发方向有:(1)创制新颖的分子结构类型——突破性创新药物研究开发;(2)创制 me-too 药物——模仿性创新药物研究开发;(3)已知药物的进一步研究开发——延伸性创新药物研究开发;(4)现有药物的药剂学研究开发——发展制剂新产品;(5)应用现代新技术对老产品的生产工艺进行重大的技术革新和技术改造。

（二）新药研发流程

新药研发流程如图 4-1 所示。新药研发需要承担高风险,根据学

术期刊 *Nature Reviews Drug Discovery* 的统计,新药从 I 期到正式批准的成功率约为 9.6%,即 10 个进入临床的药物,仅有 1 个能最终上市。其中,临床 I 期(成功率 63.2%)往往只是安全性评价,临床 II 期(成功率 30.7%)才是验证药物是否有效的分水岭,见图 4-2。

图 4-1　新药研发流程

资料来源:PubMed

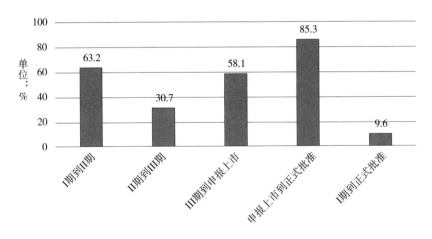

图 4-2　不同阶段新药研发成功概率统计

资料来源:BIO；Biomedtracker & Amplion,*Clinical Development Success Rates* 2006-2015.

（三）行业壁垒

短期来看,创新药的竞争优势主要在药学阶段(靶标的确认和建立、化合物合成与筛选、药物效应动力学和药物代谢动力学、动物模型和试验、毒理)和临床阶段(临床试验设计水平、临床试验的质量和药审政策),长期来看主要是基础医学的研究水平,这是产生首创新药(first-in-class)最主要的原因,如表4-1所示。

表4-1　行业壁垒

排序	技术壁垒	壁垒特征	壁垒高度	量化指标	未来发展趋势	全球格局
1	药学阶段	先导化合物的筛选和确认阶段,动物实验阶段	★★★	在研化合物数量,化合物库的数量大小,药物非临床研究质量管理规范(GLP)实验室的规模和数量,国际药物专利申请数量,在《药物化学杂志》(JMC)等期刊发表论文数量。	在未来10年,借助工程师红利,中国有望赶上欧美日的研发水平。	欧美日处于第一梯队,中国借助药明康德等合同研究组织(CRO)企业发展,差距在不断缩小。
2	临床阶段	临床试验的设计和方案,质量	★★★	在顶级期刊上的文章发表数量,获批临床的化学药品1.1类个数,在临床的试验进度,在国际市场开发的产品个数。	中国跟海外临床医学相比水平差距很大,要比药学阶段花费更多的时间。	欧美日处于第一梯队,中国正在追赶。

续表

排序	技术壁垒	壁垒特征	壁垒高度	量化指标	未来发展趋势	全球格局
3	基础医学阶段	新机理、新作用机制的发现	★★★★	在顶级期刊上的文章发表数量,培养博士数量,国际药物专利申请数量,学科排名。	中国的基础医学水平跟美国相差较大,未来在新型生物技术、人工智能、互联网医疗可能有超越的机会。	美国处于第一梯队,欧洲和日本紧随,中国差距较大。

资料来源:公开资料整理

二、全球药物市场基本面

(一)市场规模及增速

近年来,由于重磅药研发放缓,全球创新药保持平稳增长。据第三方咨询机构 EvaluatePharma 数据,2016 年全球创新药市场规模达 6890 亿美元,同比增长 4%,如图 4-3 所示。

根据 EvaluatePharma 统计,2016 年全球医药企业研发费用为 1575 亿美元,占全球制药公司销售收入的 20.4%,2009—2016 年全球医药企业研发费用年均复合增长率为 2.5%,其中美国研发费用占全球比例达 48%,为创新药研发投入大国,如图 4-4 所示。

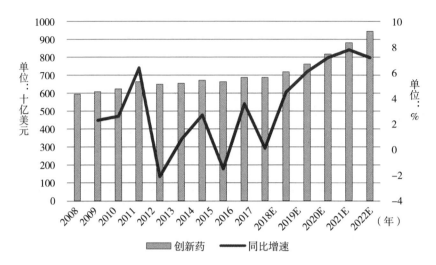

图 4-3 2008—2022 年创新药市场规模及同比增速

资料来源：EvaluatePharma

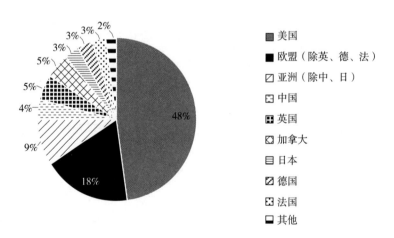

图 4-4 2016 年各国医药企业研发费用占比

资料来源：PhRMA

（二）研发管线及其重点治疗领域：抗肿瘤与生物技术

根据 Citeline 报告对全球研发管线的统计，2001—2017 年期间，全球在研项目总数均稳定增长，从 2001 年的 5995 个增长至 2017 年的 14872 个，年均复合增长率为 5.8%，如图 4-5 所示。

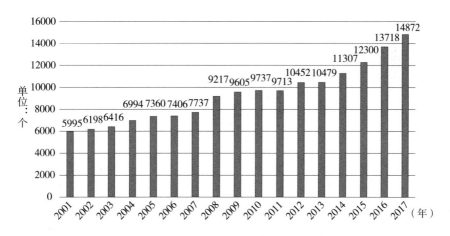

图 4-5　2001—2017 年全球研发管线数量

资料来源：EvaluatePharma

其中抗肿瘤药物占比最大，2017 年抗肿瘤药物占据了总体研发管线 32.6%，增幅达到 16%，为总体增速的两倍。此外，生物技术领域、抗感染药品、皮肤科用药和感觉系统用药增速均超过 10%，呼吸系统用药下降 1%，见图 4-6。

从疾病谱角度来看，肿瘤、呼吸疾病、心脑血管疾病、乙肝、糖尿病和麻醉领域需求旺盛，如表 4-2 所示，这些适应症的创新药具备很大的引进价值。中国疾病谱的迁移伴随老龄化和城镇化，肿瘤、呼吸和心脑血管疾病的患病人数增长较快。在乙肝、糖尿病和麻醉领域，国内患

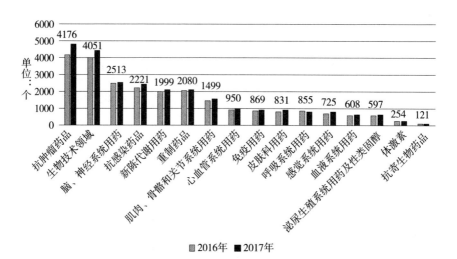

■2016年 ■2017年

图 4-6 2016 年和 2017 年研发管线各领域研发数量对比

资料来源：EvaluatePharma

者人数在数千万到上亿之间,现有治疗手段比较落后,引进的创新药很容易成长为大单品,因此也有广阔的市场空间。

表 4-2 值得关注的适应症领域

适应症	患者估计（中国）	国内主流药品	海外主流药品	明星单品
肿瘤	约 500 万人	细胞毒类药物、中药注射液	抗体、小分子靶向、细胞治疗	程序性死亡受体（PD-1 单抗）、Yescarta
呼吸疾病	约 9000 万人	清热解毒类中药、传统化学药	受体拮抗剂或激动剂	信必可、舒利迭
心脑血管疾病	约 2 亿人	中药、辅助用药、化学药	化学药、单抗	Lovaza（90% 脂肪酸乙酯胶囊），阿莫罗布（Praluent）
乙肝	约 1 亿人	化学药、中药、辅助用药	新型核苷酸类逆转录酶抑制剂	替诺福韦艾拉酚胺 TAF（Vemlidy）

续表

适应症	患者估计（中国）	国内主流药品	海外主流药品	明星单品
糖尿病	9000万人	二甲双胍、阿卡波糖、基础胰岛素	三四代胰岛素、新靶点口服化药、胰高血糖素样肽（GLP-1）类药物	利拉鲁肽、西格列汀、德谷胰岛素
麻醉	约4000万台手术	丙泊酚、地佐辛	新型麻药，防滥用标签的麻药	奥施康定

资料来源：公开资料整理

（三）生物药占比逐年上升

从分子类型来看，FDA自1993年来批准的新分子实体（NMEs）与生物制剂（BLAs）许可申请，生物药占比稳健上升，如图4-7所示，2012

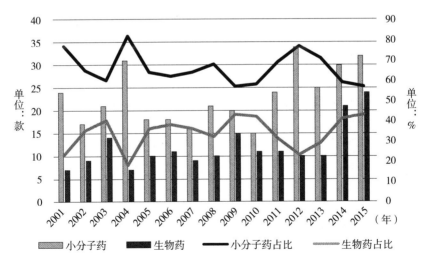

图4-7　2001—2015年FDA批准的新药物分子中生物大分子占比

资料来源：EvaluatePharma

年起生物药占比超过 20%,并在 2016 年达 25%,但小分子药物在数量上仍然远远高于生物制剂。2015 年,FDA 批准了 56 款新型治疗药物,其中包括 32 款化学药(57%),24 款生物药(43%)。2016 年全球销售前 10 名的药物,其中 8 款为生物药,销售额达 667 亿美元,占到前 10名药物销售额的 83%,如表 4-3 所示。

表 4-3 2016 年全球药品销售前 10 名

排名	药品名	公司	2016 销售额(亿美元)	分子类型
1	阿达木单抗 Humira	艾伯维、卫材	165.17	生物药
2	恩利 Enbrel	安进、辉瑞、武田药品	92.48	生物药
3	英夫利昔单抗 Re-micade	强生、默沙东、田边三菱制药	80.70	生物药
4	美罗华 Rituxan	罗氏	74.82	生物药
5	瑞复美 Revlimid	新基	69.74	化学药
6	安维汀 Avastin	罗氏	68.85	生物药
7	赫赛汀 Herceptin	罗氏	68.84	生物药
8	捷诺维 Januvia	默沙东、小野制药、阿尔米拉利(Almirall)、大熊制药	64.40	化学药
9	沛儿 13(13 阶肺炎球菌结合疫苗)Prevnar 13	辉瑞、大熊制药	60.34	生物药
10	艾利雅 Eylea	合生元、拜耳、参天	55.39	生物药

资料来源:EvaluatePharma

(四)创新药研发的趋势

全球新药研发呈现难度加大、成本提升的趋势。Tufts 2016 年报告显示,由于临床试验复杂度提高、临床试验要求数量提升和早期临床试验失败率的提高等因素,新药研发费用持续上升。从潜在候选药物到通过 FDA 批准平均需要 10—15 年的时间,而药物研发的成功率不断下降,进入临床试验的药物只有 12% 最终能够获批,这对药物研发成本"雪上加霜"。FDA 平均新药研发成本从 20 世纪 70 年代的 1.8 亿美元增加到 21 世纪初的 26 亿美元,如图 4-8 所示。

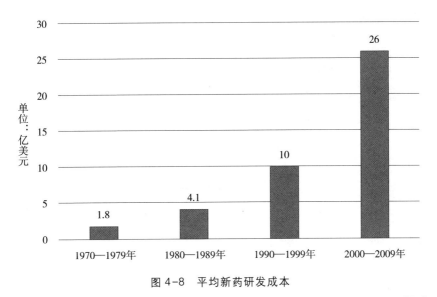

图 4-8　平均新药研发成本

资料来源:Joseph A.DiMasi etal,"Innovation in the Pharmaceutical Industry:New Estimates of R & D Costs",*Journal of Health Economics*,Vol.47,May 2016,pp.20-30.

三、中国药物市场基本面

(一)政策、人才和资本三轮驱动,中国创新药市场持续向好

创新药的研发所需费用高、时间长、风险大,在我国研发一种创新

药,从临床前研究到新药最终获批理论上需要8—13年,并需要投入大量的研发费用。目前,我国制药企业技术创新能力偏弱、企业研发投入低、高素质人才不足,一些重大、多发性疾病药物仍依赖进口。

2010年以来,我国政府加大了对创新药的支持力度,"十二五"规划和"十三五"规划期间国家出台了一系列政策,鼓励创新药研发,加速新药审评审批,积极引进创新人才,使得我国的创新环境有了大幅改善。目前,我国自主研发的创新药如埃克替尼、康柏西普等已获批上市,中国创新药崭露头角。

1.政策环境

创新药研发已成为我国医药制造业发展的重点方向之一,获得政策的大力支持,《中国制造2025》将生物医药作为重点发展领域,为此我国颁布了一系列政策鼓励创新。在早期的临床前研究阶段,国家通过重大新药创制专项,为重大新药创制项目提供资金支持;在创新药上市阶段,对"具有明显临床价值,未在中国境内外上市销售的创新药注册申请"采用优先审评审批政策,降低企业研发成本。

2017年10月8日,中共中央办公厅、国务院办公厅印发了《关于深化审评审批制度改革鼓励药品医疗器械创新的意见》,从临床试验管理、上市审评审批等六方面就深化审评审批制度改革鼓励药品医疗器械创新提出36条意见,这些意见更加国际化、正式化,对医药行业改革更加有导向性,彰显了国家鼓励医药创新的决心,见表4-4。随着我国创新药市场环境的不断改善,医药行业将迎来新的发展机遇。

表4-4　《关于深化审评审批制度改革鼓励药品医疗器械创新的意见》政策梳理

类别	具体措施
一、改革临床试验管理	1.临床试验机构资格认定实行备案管理;2.支持临床试验机构和人员开展临床试验;3.完善伦理委员会机制;4.提高伦理审查效率;5.优化临床试验审批程序;6.接受境外临床试验数据;7.支持拓展性临床试验;8.严肃查处数据造假行为。
二、加快上市审评审批	9.加快临床急需药品医疗器械审评审批;10.支持罕见病治疗药品医疗器械研发;11.严格药品注射剂审评审批;12.实行药品与药用原辅料和包装材料关联审批;13.支持中药传承和创新;14.建立专利强制许可药品优先审评审批制度。
三、促进药品创新和仿制药发展	15.建立上市药品目录集;16.探索建立药品专利链接制度;17.开展药品专利期限补偿制度试点;18.完善和落实药品试验数据保护制度;19.促进药品仿制生产;20.发挥企业的创新主体作用;21.支持新药临床应用。
四、加强药品医疗器械全生命周期管理	22.推动上市许可持有人制度全面实施;23.落实上市许可持有人法律责任;24.建立上市许可持有人直接报告不良反应和不良事件制度;25.开展药品注射剂再评价;26.完善医疗器械再评价制度;27.规范药品学术推广行为。
五、提升技术支撑能力	28.完善技术审评制度;29.落实相关工作人员保密责任;30.加强审评检查能力建设;31.落实全过程检查责任;32.建设职业化检查员队伍;33.加强国际合作。
六、加强组织实施	34.加强组织领导;35.强化协作配合;36.做好宣传解释。

资料来源:CFDA

2.创新人才

人才资源对于创新药研发颇为重要,2008年12月,中央决定实施海外高层次人才引进计划(简称"千人计划"),围绕国家发展战略目标,用5—10年时间,在国家重点创新项目、重点学科和重点实验室、中央企业和金融机构、以高新技术产业开发区为主的各类园区等,有重点地引进并支持一批海外高层次人才回国创新创业。

"千人计划"的实施,吸引了一批又一批海外高层次创新创业归国人员,他们为中国创新药研发注入新鲜力量,成为我国创新药研发的重要生力军,如丁列明博士归国后创立贝达药业、鲁先平博士创立微芯生物、张连山博士担任恒瑞制药首席科学官等。

3. 研发投入

"十二五"规划和"十三五"规划期间,国家出台了一系列鼓励医药企业加大研发投入的产业政策,根据国家统计局 2011—2016 年《全国科技经费投入统计公报》的统计数据,2011—2016 年我国规模以上医药制造企业研发投入分别为 211.2 亿元、283.3 亿元、347.7 亿元、390.3 亿元、441.5 亿元、488.5 亿元,年均复合增长率达 15%;研发投入强度分别为 1.55%、1.63%、1.77%、1.71%、1.72%、1.73%,保持稳定上涨的趋势。根据工业和信息化部发布的《医药工业发展规划指南》,到 2020 年,我国医药行业规模以上企业研发投入强度达到 2% 以上。随着"重大新药创制"科技重大专项等一系列国家政策的推出和实施,未来我国新药研发的资金投入规模预计仍将继续提升,预计到 2020 年专项投入资金总额将达到 260 亿元,药品研发经费投入达到 1400 亿元,如图 4-9 所示。

在国家政策的鼓励下,我国医药企业逐渐加大研发投入,其中以恒瑞医药、复星医药、信立泰等为代表的中国本土医药企业研发投入增长迅速。目前中国创新药研发的企业可分为两类:(1)大而强(big pharma):以仿制药起家的国内大型医药企业,天然具备研发基因,从高端仿制向原研创新转型,典型代表如恒瑞医药;自身研发基础薄弱的企业,通过吸引成熟研发带头人加盟或者外延并购、产品引进的方法,意图弯路超车,如科伦药业、丽珠集团。(2)小而美(biotech start-up):随

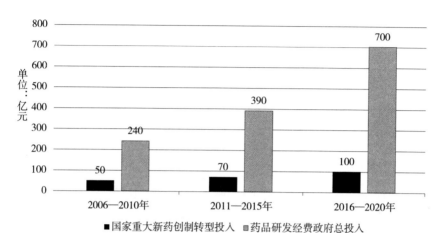

图 4-9　政府专项投入力度加大

资料来源：商务部

着国内一级股权投资市场的发展,越来越多的科学家独立创业。贝达药业、微芯生物作为先行者的产品已经成功上市,再鼎医药、百济神州、信达生物等纷纷崭露头角。

　　与此同时,资本也正在加速入场助力。由于创新药壁垒高、回报率大,2016 年以来大量资本涌入创新药市场,一批以创新药研发为主的生物医药企业先后获得融资。2017 年,天境生物获得 1.5 亿美元融资、歌礼生物获得 1 亿美元 B 轮融资、前沿生物获 3 亿元 C 轮融资、瑞博生物获 2.7 亿元 B 轮融资、再鼎医药完成 3000 万美元 C 轮融资、长风药业获 4.4 亿元 D 轮融资。资本的流入为我国创新型医药企业提供了资金支持,推动医药行业进一步发展。

（二）中外差距

　　中国医药创新虽然在短时间内取得了很大进展,但在全球创新的格局下来看,仍处于医药创新的第三梯队。以上市前研发和新药上市数量来衡量,中国目前处于第三梯队,对全球创新的贡献大约为 4%,与第一梯队的美国(大约 50%)和第二梯队的国家(如英国、德国、日本等)仍有很大差距。主要原因包括研发投入不足和经验人才缺乏两大因素。

在 2016 年,罗氏在研发上的投入最多,为 87 亿美元,如表 4-5 所示。在药物研发投入全球前 10 名的公司中,平均研发费用为 63.5 亿美元。而国内企业 2016 年平均研发投入约为 7.1 亿元,与世界知名医药企业差距极大,基本只有它们研发费用的零头。2007—2017 年,平均每个小分子药物的研发投入为 40 亿美元。纵观医药行业,医药企业的研发投入与业绩的增长成正比的趋势越来越明显,中国企业有必要在创新药上投入足够多的研发费用。

表 4-5 2016 年国内外医药企业研发投入前 10 名

排名	国外企业	研发投入(亿美元)	研发投入占营业收入比(%)	国内企业	研发投入(亿元)	研发投入占营业收入比(%)
1	罗氏	87	22	中国生物制药	14.1	10.1
2	诺华	79	19.1	恒瑞医药	11.8	10.6
3	辉瑞	78	17.1	复星医药	11.1	7.6
4	强生	70	22	上海医药	6.7	5.4
5	默沙东	68	19.2	科伦药业	6.1	7.2
6	赛诺菲	57	16.7	人福医药	5	4.1
7	阿斯利康	56	26.9	丽珠集团	4.7	6.2
8	礼来	49	28.7	天士力	4.4	3.2
9	葛兰素史克	47	16.9	现代制药	3.7	4

续表

排名	国外企业	研发投入（亿美元）	研发投入占营业收入比（%）	国内企业	研发投入（亿元）	研发投入占营业收入比（%）
10	BMS	44	24.9	康缘药业	3.6	12.1

资料来源：公司财务报告

四、海外并购的思考

（一）中国医药企业进行海外并购的动力

持续不断的重磅品种推出是医药企业规模提升的核心驱动力，而随着新药开发难度加大，企业投入产出比逐渐降低，例如，2015 年安进、阿斯利康、诺华、辉瑞、罗氏等 12 家跨国企业的晚期研发产品线的价值约 54%来自外部引进和并购。在这个新药研发成本偏高的时代，自主新药研发有时已不能再满足企业继续扩张的需要，专利授权、合并收购、合作研发和研发外包也成为新药研发的模式。

一方面，通过专利许可的形式可使得国内本土企业研发效率快速提升，实现弯道超车。2007 年以来，我国医药企业逐渐重视研发投入，研发实力逐渐提升，但研发实力仍然远远落后于美国、欧盟等发达国家。中国本土企业可引进国外在研品种，并针对亚裔群体加以开发，加快创新药在国内上市速度，尽快推向国内市场，解决创新药在中国的可及性，同时在合作开发过程中提升自身研发实力。

另一方面，中国本土部分优质医药企业注重研发创新，研发实力逐渐在国际上得到认可,但综合实力与跨国医药企业难以匹敌,此类公司通过将在研新药的海外权益授权转让给海外公司,以合作开发的方式实现创新药国际化,在与海外企业合作过程中,积累经验,引进人才,为今后的发展奠定基础,如表4-6所示。

表4-6 国内医药企业小分子新药引进代表案例

受让方	药物品种	转让方	时间	引进状态	现在状态
歌礼生物	抗丙肝核苷类NS5B抑制剂MIV-802	梅地维尔(Medivir)	2017年8月	I期	I期
歌礼生物	丙型肝炎病毒NS5A抑制剂PPI-668	普雷西迪奥(Presidio)	2014年11月	I期	II期
歌礼生物	艾滋病创新药物TMC310911	杨森制药	2013年4月	II期	II期
歌礼生物	抗丙肝病毒药Danoprevir	罗氏	2013年4月	I期	新药申请
恒瑞医药	溶瘤病毒候选药物OBP-301	昂科利(Oncolys)	2016年5月	I期	II期
恒瑞医药	止吐专利药Rolapitant	特萨罗(Tesaro)	2015年7月	口服剂新药申请,注射剂I期	暂时无更新
绿叶集团	分子泛HER抑制剂Poziotinib	韩美制药	2014年8月	I期	II期
索元生物	抗精神分裂症药Pomaglumetad Methionil	礼来	2015年3月	III期失败	生物标记物探索中
索元生物	抗肿瘤药Enzastaurin	礼来	2014年9月	III期失败	III期
再鼎医药	肺癌药HM61713	韩美制药	2015年3月	III期	失败

资料来源:公开资料整理

(二)跨境投资案例分析

1.引进来

2017 年 1 月 10 日,复星医药与凯特药业(Kite Pharma)签订《中外合作经营合同》,复星医药投资不超过等值 8000 万美元与凯特药业(Kite Pharma)共同设立中外合作经营企业复星医药凯特生物科技有限公司以携手开拓中国癌症 T 细胞免疫疗法市场。

凯特药业(Kite Pharma)成立于 2009 年,在美国纳斯达克上市,股票代码为 KITE,是一家临床阶段的生物制药公司,致力于研究、开发新的癌症免疫治疗产品,其主要产品包括表达嵌合抗原受体或 T 细胞受体的 T 细胞治疗产品。凯特药业(Kite Pharma)为国际嵌合抗原受体 T 细胞免疫疗法(CAR-T)巨头公司,其自主研发的 CAR-T 疗法药物 Yescarta 于 2017 年 10 月获 FDA 批准,是 FDA 批准的第二个 CAR-T 药物。

肿瘤免疫治疗是 40 年来癌症疗法中的最大突破,而 CAR-T 又是肿瘤免疫疗法中的最前沿技术,目前在血液肿瘤领域 CAR-T 已经显示出较现有疗法显著的治疗优势和巨大的发展潜力,但同时,CAR-T 的研发壁垒较高。复星医药通过与凯特药业(Kite Pharma)合作的方式切入 CAR-T 领域,利用凯特药业(Kite Pharma)的技术优势,降低研发风险,抢占国内 CAR-T 市场先机。

2.走出去

恒瑞医药为中国本土创新药标杆企业,其研发创新能力在国内制药行业是毋庸置疑的龙头。在创新药方面,公司已逐渐形成了上市一批、临床一批、开发一批的良性循环,目前公司已经有两个创新药上市,其中创新药阿帕替尼为全球第一个治疗晚期胃癌的分子靶向药物。恒瑞医药以全球化视野推进创新研发,公司研发的用于免疫治疗的 PD-1 生物创新药以 8 亿美元许可给美国因赛特(Incyte)制药公司在海外开发,实现了中国企业从进口美国生物医药技术向出口创新技术的转变。截至 2018 年 1 月,公司已有三项重磅品种走出去,标志着恒瑞医药强大的研发能力已得到国际认可,见表 4-7。

表 4-7　恒瑞医药走出去产品

走出去产品	合作日期	合作对象	协议内容
BTK 抑制剂 (SHR1459 和 SHR1266)	2018 年 1 月 8 日	美国 TG 医疗公司	权益许可首付款:90 天内获 100 万美元或同价值 TG 公司股权。累计支付额:获批后每个药物累计不超过 4800 万美元。临床各阶段各获得不超过 710 万美元或同价股权。药物联用获得优效后各获得约 3800 万美元或同价股权。销售里程碑满足后每个药获得各累计不超过 8000 万美元。销售提成:10%—12%。
JAK1 抑制剂 (SHR0302)	2018 年 1 月 4 日	美国阿克鲁提斯 (Arcutis)公司	权益许可首付款:30 天内付 40 万美元,引进追加 150 万美元。累计支付额:欧美日上市后累计不超过 1750 万美元。进入美国 III 期临床试验可获得 300 万美元。年销售额达到目标后累计不超过 2 亿美元。销售提成:按照约定分成,比例未公告。

续表

走出去产品	合作日期	合作对象	协议内容
PD-1 （SHR1210）	2015 年 9 月 1 日	美国因赛特（In-cyte）公司	权益许可首付款：30 天内付 2500 万美元。 累计支付款：欧美日上市后累计不超过 9000 万美元。临床取得优效获 1.5 亿美元。年销售额达标后获得不超过 5.3 亿美元。 销售提成：按照约定分成，比例未公告。

资料来源：公司公告

第二节　仿制药行业

仿制药有别于创新药，具有研发投入小、风险低、受政策性因素影响较大等特点。仿制药市场的增长主要受益于专利药的专利到期和 180 天的仿制药市场排他期。从全球市场看，仿制药行业集中度较高，行业前 20 名龙头企业占据了 80% 的仿制药市场，市场竞争激烈。从国内市场看，有起步晚、集中度低、同质化问题严重和质量参差不齐等诸多弱点，国内仿制药医药企业可以借力海外并购在研发、注册、市场等方面产生协同效应，重点布局方向建议考虑制剂创新。

一、仿制药行业简介

（一）定义

仿制药亦称为通用名药，具有研发投入小、风险小、疗效确切、对专利药冲击大的特点。

（二）行业的驱动因素：专利到期与美国《药品价格竞争与专利期补偿法》

专利药专利到期是仿制药增长的主要动力。2012—2016 年间，国际上有近 631 种专利药到期，包含呼吸系统用药、心血管系统用药、内分泌及代谢药等。随着专利的到期，专利药品销售额中超 50% 的部分会受到仿制药的冲击，被业内称为"第一次专利悬崖"，给仿制药市场带来巨大空间。据 EvaluatePharma 预测，2017—2022 年间，总共将有价值 1940 亿美元的药物面临专利到期的风险，如图 4-10 所示，标志着制药产业已步入第二次专利悬崖。

美国一直是全球范围重要医药市场，也是全球医药市场份额占比最大的市场，市场份额在 30% 以上。1984 年，美国政府颁布《药品价格竞争与专利期补偿法》，又称 Hatch-Waxman 法案，该法案旨在增加患者获取廉价药物的渠道，为医疗系统节约开支，同时促进品牌药创新。

在美国，根据 Hatch-Waxman 法案，任何首家提交美国仿制药申请并包含专利挑战（PIV）证言的申请人，将获得 180 天的仿制药市场排

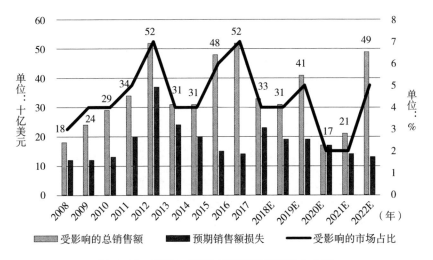

图 4-10　2008—2022 年专利药到期损失金额

资料来源：EvaluatePharma、申万宏源

他期。在 180 天的市场排他期内，"首仿企业"通常能够以相对较高的毛利率对产品进行定价。排他期结束后，其他仿制药厂商可能会进入市场，导致药物价格大幅下跌。极端情况跌幅可能超过 90%。Hatch-Waxman 法案的颁布促使美国仿制药大力发展，美国仿制药占处方药支出的比例从 20 世纪 80 年代早期的 10% 增至 2013 年的 86%，目前，美国药品市场属于仿制药替代比较迅速和充分的市场。

二、全球市场基本面：集中度较高，竞争激烈

（一）全球规模：仿制药是世界需求的主体

仿制药行业从 20 世纪 80 年代开始起步，发展迅速。据 EvaluatePharma 统计,2016 年全球仿制药市场规模达 790 亿美元,2008—2016 年,全球仿制药年均复合增长率为 5%。从全球来看,仿制药占处方药市场销售额约 10%,如图 4-11 所示。

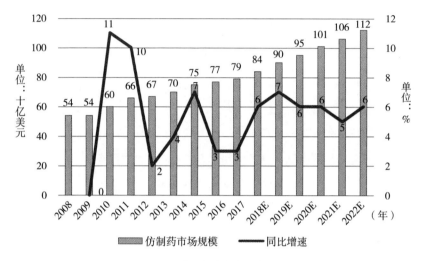

图 4-11　2008—2022 年,全球仿制药市场规模及同比增速

资料来源:EvaluatePharma、申万宏源

由于仿制药壁垒相对低,生产厂家较多,整个行业处于高度集中、完全竞争的状态。2015 年,以梯瓦、诺华为代表的全球前 20 名仿制药生产龙头企业占据 80% 的市场份额,然而仅有梯瓦和诺华市场份额达到 10% 以上,分别为 12.2%、11.5%,其次为阿特维斯(8.9%)、迈兰(8.8%)、太阳药业(6%),其余前 20 名仿制药医药企业市场份额均低于 5%,如图 4-12 所示。

（二）各国仿制药企业概况

仿制药企业主要分为:全球型仿制药企业、印度仿制药企业、美国

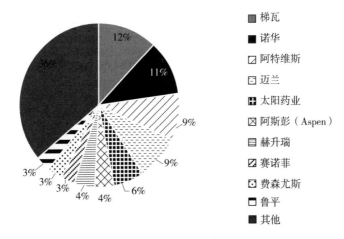

图 4-12 2015 年全球仿制药行业竞争格局

资料来源：EvaluatePharma、申万宏源

本土仿制药企业、欧洲仿制药企业及其他。

以梯瓦、山德士为代表的全球型仿制药企业起步较早，实力强，占据美国仿制药市场绝大多数份额；印度仿制药企业依靠国内的专利强制许可，积累技术工艺及人才，凭借原料药的优势，通过产业升级迅速拓展美国市场，从 2004 年到 2015 年，销售额在美国市场的占有率由 3% 上升到 17%，成为美国仿制药市场的重要参与方。伴随着仿制药企业之间并购的推进，美国本土仿制药企业和全球型仿制药企业的市场占比正在下降。

印度是世界第三大仿制药生产国，印度生产了全球 20% 的仿制药，并使制药业成为印度经济的支柱之一。印度仿制药行业起源于 1969 年印度制药公司兰伯西仿制瑞士罗氏公司的镇定剂苯甲二氮并获得成功，成为印度开发仿制药的鼻祖，而后印度政府于 1970 年实施新的《专利法》，使仿制药"名正言顺"。宽松的政策环境加速印度仿制药生产扩张和大量仿制药品公司兴起。目前,印度药品出口到两百多个国家,疫苗和生物制药产品出口到 150 个国家。通过美国 FDA 认可的印度药厂生产成本比美国药厂低 65%,比欧洲药厂低 50%。凭借低成本制造、雄厚的技术与质量稳定的产品,印度仿制药行业发展迅速。目前印度境内拥有美国 FDA 认证的药厂共有 119 家,可向美国出口约 900 种获得 FDA 批准的药物和制药原料;拥有英国药品与保健品管理局认证的药厂也有八十多家。[①]

(三)值得关注的方向:制剂创新

目前全球药物研发已进入制剂创新时代。创新制剂是指运用现代制剂技术和高分子材料或聚合物,将药物分散在结构特殊的体系中,使药物按照预期方式和速率释出,并输送至期望的部位或靶点,因此又将创新制剂称为药物递送系统。药渡数据显示,2015 年全球创新制剂市场达 1788 亿美元,自 2011 年起四年的年均复合增长率为 6.7%;1996—2015 年,美国 FDA 共批准 399 个创新制剂,其中缓控释片或胶囊 143 个,是最热门的制剂创新方向,如图 4-13 所示。全球创新制剂的发展共经历三个阶段,第一代创新制剂的出发点只是延长作用时间,第二代主要是按需"精准给药",第三代侧重克服难溶物溶解度等处方限制和克服口腔黏膜屏障等生理限制,2015 年首款采用 3D 打印技术制备的左乙拉西坦的问世开启了第三代制剂创新的新时代。

制剂创新是医药企业创新的一条捷径。一般来说,开发新的分子

---

① 经济学人智库(EIU)。

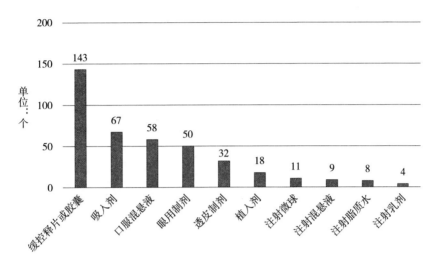

图 4-13　1996—2015 年美国 FDA 批准的创新制剂

资料来源:药渡数据

结构需要 10—12 年时间,花费 5 亿—10 亿美元,而制剂创新只需 3—4 年,花费 0.5 亿美元。创新制剂相比分子结构创新来说,研发成本低、周期短、且风险更小,相比仿制药来说门槛高、竞争压力小。目前制剂创新主要集中在注射剂改良、难溶物增溶、改良给药途径、儿童药载药、防止药物滥用和多肽制剂改良领域。根据载体的形态结构,可将药物递送系统分为缓控释、经皮给药、脂微球和脂质体等多种类型,如表 4-8 所示。

表 4-8　主要药物递送系统简介

目标剂型	考虑领域	技术壁垒	2015 年全球市场规模(亿美元)
口服缓控释	半衰期短、多次给药药品	技术壁垒低,有通用的研发和生产设备	470

续表

目标剂型	考虑领域	技术壁垒	2015年全球市场规模（亿美元）
透皮制剂	性激素、止痛药、儿科药、精神病用药	技术壁垒适中，有通用的研发和生产设备	316
吸入剂	糖皮质激素、β受体激动剂、M受体阻断剂等	技术壁垒适中，有通用的研发和生产设备	300
注射微球	长期注射的多肽，抗精神病药	高技术壁垒，从研发到生产均需要自主研发设备	55
植入剂	避孕药、细胞毒类抗肿瘤药、长期注射的多肽	高技术壁垒，辅料与器械难以获得	20
脂质体	多肽，细胞毒类抗肿瘤药	高技术壁垒，辅料与设备难以获得	2.5

资料来源：药事纵横

三、中国现状：仿制药大国，但非强国

（一）中国仿制药行业的三大特点

仿制药与原研药相比价格低廉，合理使用仿制药可减轻患者及国家的医疗负担，从2002年发布《药品注册管理办法》后，我国仿制药市场历经十几年的发展，取得突飞猛进的进展。根据德勒的数据，2016年中国仿制药市场规模631亿美元，占总药品消费市场份额约40%，预计到2020年中国仿制药市场将增长到943亿美元的规模。我国是仿制药大国，但还没有达到仿制药强国，我国仿制药行业呈现以下特点：

1. 集中度低

我国医药企业数量众多,且收入体量相对较小,A 股市值排名第一的医药企业——恒瑞医药收入规模仅百亿元人民币,而仿制药跨国医药企业梯瓦收入规模近百亿美元。根据中国医药工业信息中心的数据,2016 年我国医药企业达到 7541 家,而医药企业百强占比仅达46.3%,与全球百强医药企业 80%以上集中度相比,市场较为分散。

2. 同质化严重

我国同一仿制品种申报、生产的企业数量过多,重复严重。根据药品审评中心的数据,在 3244 个化学药物品种中,262 个品种占据了注册文号总量的 70%。医药产品产能利用率非常低,低水平仿制扎堆现象严重,很多药品的批文数量达几十个、甚至过百。

3. 质量参差不齐

由于我国仿制药长期以来缺少高水平的质量标准和质量控制体系,全行业普遍低成本运行,导致获批上市的部分仿制药与原研药相比质量水平偏低,良莠不齐。

针对早期仿制药的评审标准不够严格,导致我国的仿制药质量参差不齐的乱象,2013 年 2 月,CFDA 公布了《仿制药质量一致性评价工作方案》,2015 年我国再次启动仿制药质量一致性评价。2016 年 5 月公布了 2018 年底需完成一致性评价的品种为列入国家基本药物目录(2012 年版)中的化学药品仿制药口服固体制剂,共 289 个品种 19715个文号,占总批准文号的 27%,涉及 2028 家医药企业,化学药品新注册分类实施前批准上市的仿制药,凡未按照与原研药品质量和疗效一致原则审批的,均须开展一致性评价。一致性评价是中国仿制药的供给侧改革,有利于形成仿制药行业优胜劣汰的发展趋势,为优质仿制药企业提供了发展机遇,并提升我国仿制药的整体质量水平。

从制剂出口角度来看,我国出口的仿制药品种主要集中在基本用药,而出口多为亚洲、非洲与拉丁美洲等国家和地区,而在占据全球医药消费比重较大的欧美等规范市场份额极少。相比印度仿制药60%以上出口到美欧日等发达国家,中国的仿制药出口还存在明显差距。依据中国海关总署统计,2016年我国药品出口欧盟13.6亿美元,出口额比重达到19.4%,出口美国13亿美元,占比18.6%,其中主要是原料药,而仿制药占很少的比例,同时基本上又是外资企业在其投资中国的企业生产的。

(二)我国开始日益重视制剂创新

我国对制剂创新的重视度加强。2016年2月14日,国务院召开常务会议部署医药行业创新升级,将制剂创新摆在与原研药、首仿药、中药和高端医疗器械同等重要的位置,新药研发需要分子结构创新与制剂创新齐头并进。2016年3月,CFDA颁布了《化学药品注册分类改革工作方案》,将境内外均为上市的改良新药定位新药2类。新药2类是指在已知活性成分的基础上,对结构、剂型、处方工艺、给药途径、适应症等进行优化,且具有明显临床优势的药品,新版方案规范了创新制剂的发展。

以绿叶集团为例,2016年11月30日,绿叶集团以2.45亿欧元完成对瑞士企业阿西诺(Acino)透皮释药系统的收购,助力公司制剂创新国际化。阿西诺(Acino)是全球领先的透皮释药系统(TDS)生产商,也是欧洲最大的独立 TDS 制造商之一,专注于中枢神经系统、疼痛及激素等制造工艺复杂且利润较高的专科贴剂产品,拥有欧盟 GMP 认证及美国 FDA 认证的工厂。目前阿西诺(Acino)已成功上市数款工业难度较高的产品,包括针对轻中度阿尔兹海默病的卡巴拉汀贴剂、针对疼痛的丁丙诺啡贴剂和芬太尼贴剂以及避孕贴剂等,主要市场在欧洲和北美地区,此次收购既打开了绿叶集团在欧洲市场的布局,也增强了自身在透皮释药系统的竞争水平。

四、并购对中国的意义

(一)中国医药企业进行海外并购的动力

相对于专利药品而言,仿制药的光鲜程度逊色许多,但仿制药的销售前景明确,且投资风险小。海外仿制药企业的产品开发、注册、运营体系一应俱全,且又与几大流通商有着稳定的客户关系,中国企业的海外并购可在多方面产生协同效应。一方面,海外并购企业可以借助中国某些资源优势,改善当前的盈利水平,诸如通过国内的原料药资源,实现生产成本的降低和原料供应的保障;另一方面,海外标的公司可以协助中国医药企业在海外的申报注册,同时可借助海外仿制药生产企业成熟的渠道资源,有助于国内仿制药企业产品出口到美国、欧洲等规范市场。

(二)海外投资案例分析

2017 年 10 月,复星医药公告以 10.91 亿美元并购印度注射剂生产商格兰德(Gland)74%的股权。

格兰德(Gland)成立于1978年,总部位于印度海德拉巴,主要从事注射剂药品的生产制造业务,是印度第一家获得美国FDA批准的注射剂药品生产制造企业,并获得全球各大法规市场的GMP认证,其业务收入主要来自于美国和欧洲。格兰德(Gland)目前主要通过共同开发、引进许可,为全球各大型制药公司提供注射剂仿制药品的生产制造服务等。作为少数专业从事生产制造注射剂药品的公司之一,格兰德(Gland)在印度市场同类公司中处于领先地位,2016财经年度营业收入约13.5亿元人民币,实现净利润约3.1亿元人民币。

在这次海外并购中,复星医药不仅通过格兰德(Gland)自身品种拓展了公司的海外业务,还可以借助其仿制药生产、注册和分销的经验,有助于复星医药自身仿制药通过一致性评价和出口。收购完成后,格兰德(Gland)将成为复星医药的国际化药品生产制造及注册平台,有助于复星医药推进药品制造业务的产业升级、加速国际化进程、提升复星医药在针剂市场的占有率。同时,复星医药可以借助格兰德(Gland)的研发能力及印度市场特有的仿制药政策优势,嫁接自身的生物医药创新研发能力及产品线,开拓印度及其他市场。

第 五 章

医疗器械行业的跨境并购方法论

第一节　医疗器械行业概述

医疗器械是指直接或间接用于人体的仪器、设备、器具、体外诊断试剂及校准物、材料、其他类似或者相关的物品以及所需要的软件,主要用于医疗诊断、监护和治疗。医疗器械的特点是产品间差异极大,既包括止血海绵、一次性注射器这类较简单的产品,也包括医用磁共振成像设备(MRI)这类复杂的大型设备。医疗器械的基础领域涉及电子技术、计算机技术、传感器技术、信号处理技术、生物化学、临床医学、精密机械、光学、自动控制、流体力学等众多方面。医疗器械行业是多学科交叉、知识密集、资金密集型的高技术行业,综合了各种高新技术成果,将传统工业与生物医学工程、电子信息技术和现代医学影像技术等高新技术相结合,具有高壁垒、集中度高的特点。

根据产品分类来看,医疗器械包括 44 大类产品,可分为 15 个细分子领域,如表 5-1 所示。其中,体外诊断、心血管器械、骨科器械和医学影像是全球前四大医疗器械细分领域,如表 5-2 所示。

表 5-1　全球医疗器械市场 15 个子行业市场规模(2014—2020 年)

排名	产品	销售额(十亿美元)			市场份额(%)	
		2014 年	2020 年	年均复合增长率(%)	2014 年	2020 年
1	体外诊断	49.9	67.3	5.1	13.3	14.1
2	心脏病科	41.9	54.2	4.4	11.2	11.4
3	骨科	34.8	42.0	3.2	9.3	8.8
4	诊断影像	35.6	40.9	2.3	9.5	8.6
5	眼科	25.6	33.7	4.7	6.8	7.1
6	普外科和整形外科	19.4	24.6	4.0	5.2	5.1
7	给药系统	18.6	22.3	3.1	4.9	4.7
8	内窥镜	16.3	21.5	4.8	4.3	4.5
9	牙科	12.9	16.5	4.2	3.4	3.5
10	伤口护理	12.9	15.8	3.4	3.4	3.3
11	糖尿病护理	11.5	14.4	3.8	3.1	3.0
12	肾脏科	11.3	13.5	3.1	3.0	2.8
13	耳鼻喉科	8.5	11.0	4.3	2.3	2.3
14	综合诊疗	8.9	10.9	3.4	2.4	2.3
15	神经科	6.4	9.5	6.9	1.7	2.0
	合计	314.4	398.0	4.0	83.8	83.3
	其他	60.8	79.5	4.6	16.2	16.7
	总计	375.2	477.5	4.1	100.0	100.0

资料来源:EvaluateMedTech World Preview 2015,Outlook to 2020(2015 年 EvaluateMedTech 全球医疗器械市场预览报告)

表 5-2 医疗器械各细分领域示例

大类	代表产品	竞争格局	全球龙头公司	中国的上市公司
医学成像	MRI、CT、PET、X光机、超声等	高端设备由进口垄断,以迈瑞医疗和联影医疗为代表的国产品牌正在逐渐渗透	西门子、通用电气、日立、东芝、飞利浦	迈瑞医疗、联影医疗、开立医疗、万东医疗、东软医疗、理邦仪器、宏达高科
体外诊断	生化/免疫/分子/血球分析仪及试剂等	生化、分子及定性免疫诊断国产替代率较高,但高附加值的免疫类检测仍被进口产品占据	罗氏、雅培、生物梅里埃、丹纳赫、西门子、希森美康、碧迪医疗、赛默飞世尔	达安基因、利德曼、理邦仪器、迈克生物、美康生物、科华生物、万孚生物、三诺生物、凯普生物、博晖创新、透景生命、新华医疗、基蛋生物
高值耗材	心脏起搏器、心脏介入类器材、骨科介入、植入性人工器官等	心脏支架已实现进口替代,但人工关节的高值耗材由进口垄断	雅培、强生、美敦力、贝朗医疗、波士顿科学、史赛克	威高集团、微创医疗、乐普医疗、凯利泰、大博医疗、冠昊生物、春立医疗、先健科技、爱康医疗
病人监护	单/多参数监护仪、中央监护站、麻醉机、呼吸机等	已实现较高进口替代率	西门子、通用电气、飞利浦、金科威	迈瑞医疗、理邦仪器、宝莱特、谊安医疗、航天长峰、鱼跃医疗
医疗信息化	医院信息系统、远程医疗系统	国内企业具有一定优势	塞纳(Cerner)	东华、卫宁健康、万达信息、东软医疗、尚荣医疗
低值耗材	注射器、采血管、手术包、帽子、口罩、手套、敷料、透析耗材等	出口量大,但产品附加值低,高端注射器及采血管依然依赖进口	碧迪医疗、柯惠医疗、百特医疗、费森尤斯、贝朗医疗	阳普医疗、鱼跃医疗、千山药机、南卫股份、康德莱、英科医疗

资料来源:公开资料整理

安全性是器械审批注册的主要分类标准。CFDA 将医疗器械按照其安全性由高至低分为三个等级,并分别由三级政府部门进行监督管理,如表5-3 所示。第三类医疗器械由于其高于前两类的风险,受到政府部门的严格监管,但同时也因其高技术含量而具有更高附加值。目前我国第三类医疗器械的进口比例较高。

表5-3　医疗器械按安全性分类

类型	定义	审批部门	主要产品
Ⅰ类	通过常规管理足以保证其安全性、有效性的医疗器械。	市食品药品监督管理局	医用离心机、手术刀、放大镜、口罩、电泳仪、切片机、医用 X 光胶片等
Ⅱ类	对其安全性、有效性应当加以控制的医疗器械。	省食品药品监督管理局	心电图仪、缝合线、声光电磁机器、无损伤动脉钳、脑膜剥离器等
Ⅲ类	植入人体;用于支持、维持生命;对人体具有潜在危险,对其安全性、有效性必须严格控制的医疗器械。	国家食品药品监督管理总局	心脏支架、植入物关节假体、骨针、人工晶体、超声治疗仪器、激光手术设备、微波治疗设备等

资料来源:CFDA

从国际对比来看,欧美日等发达国家和地区的医疗器械行业发展时间早,对医疗器械产品的技术水平和质量要求较高,市场需求以新产品的升级换代为主,市场规模庞大,增长稳定。而以中国为代表的新兴市场是全球最具潜力的医疗器械市场,产品普及需求与升级换代需求并存,增长速度较快。

美国是医疗器械最主要的市场和制造国,占据全球约45%的市场份额。美国医疗器械行业拥有强大的研发实力,技术水平世界领先。欧洲是全球医疗器械第二大市场和制造地区,欧洲占全球医疗器械市场份额约 30%。德国和法国是欧洲医疗器械的主要制造国。法国是仅次于德国的欧洲第二大医疗器械生产国,也是欧洲主要医疗器械出口国。日本是继美国、欧洲的又一大医疗器械制造地,基于其工业发展基础,日本在医疗器械行业的优势主要在医学影像领域。

中国将成为全球医疗器械的重要生产基地。我国医疗器械的市场规模逐渐上升,尤其在多种中低端医疗器械产品方面,产量居世界第一。但是在我国高端医疗器械产品市场中,大部分份额由外资企业占领。

第二节　我国医疗器械行业分析

一、我国医疗器械行业特点

总体来看,国内的医疗器械市场增速高,行业政策利好多,但高端产品占比低,行业集中度较低,创新速度快。

国内医疗器械维持高增速,但占比仍远低于全球水平。根据 Wind 的数据,自 2001 年起,我国医疗器械市场规模由 179 亿元增长到 2014 年超过 2500 亿元,增长了 14 倍,年均复合增长率接近 21%,超过我国药品市场规模 16% 的复合增长率。但是对比全球市场,我国器械/药物比例仅为 0.2∶1,远低于全球 0.5∶1 的水平。

(1)从人均医疗器械费用看,我国目前医疗器械人均费用仅为 6

美元,而主要发达国家人均医疗器械费用大都在 100 美元以上,瑞士更是达到了惊人的 513 美元,如图 5-1 所示。与发达国家比,中国人均医疗卫生支出尚处于较低水平,未来提升空间大。

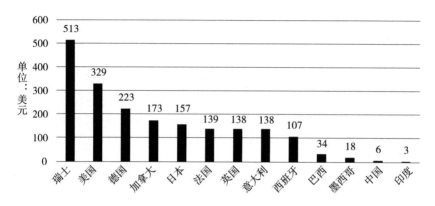

图 5-1 各国人均医疗器械费用

资料来源:Wind

(2)从行业政策来看,2014 年以来,国家针对医疗器械行业推出一系列利好政策,在企业创新和高端产品国产化两方面对国产医疗器械企业提供了支持,详见图 5-2。

(3)从研发投入来看,国内医疗器械企业的研发投入不足,中低端产品占比较高。根据 EvaluateMedTech 的数据 2015 年全球医疗器械研发投入 6.5%的比例,我国仅有乐普医疗、鱼跃医疗等部分龙头企业达到全球平均水平,国内研发投入平均水平仅有 3%,多数产品属于低技术要求的中低端产品。低研发投入导致高端医疗器械基本依赖进口,进口器械 44%属于诊疗设备。国内大量企业大多集中于低附加值的低值耗材、低端诊疗设备市场,产量大于国内需求,通过出口消化部分库存。虽然我国医疗器械贸易处于顺差位置,如图 5-3、图 5-4 所示,

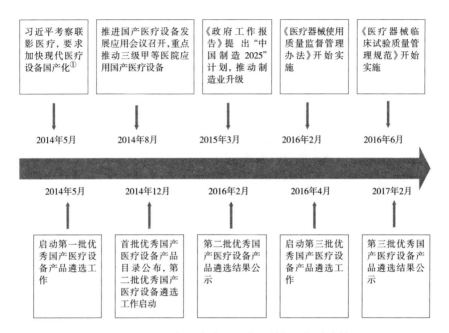

图 5-2　2014 年以来中国医疗器械行业相关政策

资料来源:公开资料整理

但出口产品的盈利能力远远低于国际水平。

超声波治疗仪、心电图设备、高档生理记录仪、磁共振设备等领域,进口品牌市场份额都在 90% 左右,几乎处于完全垄断地位,如图 5-5所示。

(4)从市场格局来看,国内医疗器械公司行业集中度较低,呈现小而散的状态,多数年收入低于 2000 万元。国内医疗器械公司数量远远

---

① 　闻扬:《"上海的今天好,上海的明天会更好!"——习近平总书记考察上海侧记》,《解放日报》2014 年 5 月 26 日,见 https://www.jfdaily.com/journal/2014 - 05-26/getArticle.htm? id = 211626。

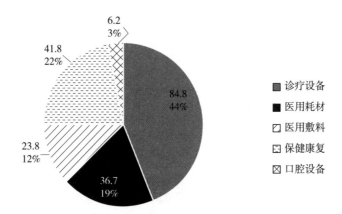

图 5-3　2013 年医疗器械进口结构(单位:亿美元)

资料来源:申万宏源、Wind

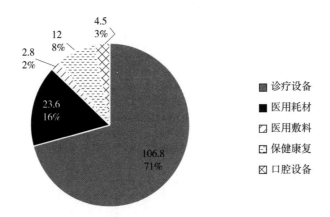

图 5-4　2013 年医疗器械出口结构(单位:亿美元)

资料来源:申万宏源、Wind

超过药品生产企业,超过 14000 家,平均收入规模 1800 万元左右(国内药品厂商的平均年营业收入约 2.05 亿元),此外由于行业起步相对较晚,无证经营的个体户大量存在,进一步加剧了行业的分散性。随着行业的规范化,小型不规范企业难以应对政策变革、招标、税收改革等新变化,行业集中度有望得到提升。

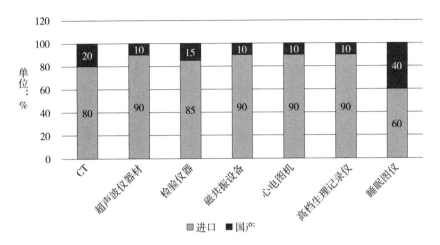

图 5-5　部分高端设备国产、进口比例

资料来源：中国医药物资协会

表 5-4　2014 年药品、器械行业集中度对比

对比指标	药品	器械
市场规模（亿元）	13326	2556
生产企业（家）	6500	14000
平均规模（亿元）	2.05	0.18

资料来源：申万宏源

（5）审批周期短，产品创新速度快。医疗器械按照三级安全性分类进行审批，整体审批周期比药品短，尤其是新推出的创新医疗器械特别审批程序，给予创新产品优先审批权力，部分产品半年就可拿到注册证，最快的产品只需四十多个工作日就能拿到批件。

二、我国体外诊断行业特点

具体到体外诊断行业，从市场规模与增速来看，我国的体外诊断行业规模与全球市场相比较小,增速远高于全球市场增速,市场容量存在较大提升空间。根据中国医药工业信息中心发布的《中国健康产业蓝皮书(2016)》,2016 年我国体外诊断产品市场规模约为 430 亿元,预计到 2019 年市场规模将达 723 亿元,三年间年均复合增长率高达 18.7%。我国人口约占全球的 1/5,体外诊断市场规模却仅为全球的 3%;我国体外诊断产品人均年消费额仅为 1.5 美元,而发达国家达到 25—30 美元;全球体外诊断市场约占全部药品市场的 5% 左右;而我国仅为 1%—1.5% 左右。在精准医疗、分级诊疗、二孩政策、人口老龄化、进口替代及科研成果转化等诸多因素的驱动下,我国体外诊断未来市场将以高增速持续扩容,同时国内体外诊断企业对研发创新的投入不断加大,总体来说是一个高增长、大空间的投资主赛道,2016 年中国体外诊断市场规模约 450 亿元,2016—2021 年中国体外诊断市场保守估计有 15% 以上的增速。体外诊断各细分行业的中国市场概况详见表 5-5。

表 5-5　体外诊断的"中国视角"一览图

细分领域	基本原理	技术方法	检测项目	中国市场中的企业	中国市场现状	2016 年中国市场规模及 2016—2021 年行业预计复合增速
免疫诊断	以免疫学为基础,利用抗原与抗体互相结合的特异性反应来进行定性或定量的诊断	放射免疫、荧光免疫、酶联免疫、胶体金、化学发光	传染性疾病、内分泌、肿瘤标志物、心脏标志物、致病微生物、代谢标志物、血型鉴定	雅培、罗氏、新产业生物、安图生物、科华生物、迈克生物、透景生命	化学发光技术占据主导地位,90% 以上的市场份额仍由进口品牌占据	200 亿元,15%—20%

续表

细分领域	基本原理	技术方法	检测项目	中国市场中的企业	中国市场现状	2016年中国市场规模及2016—2021年行业预计复合增速
生化诊断	利用化学试剂在医疗系统中进行病理诊断、生化诊断及同位素诊断的医学诊断技术	光谱检验（速率法、终点法）、电极法、酶法、免疫比浊法	肝功能、肾功能、血糖、血脂、心肌、无机离子、自身免疫性疾病	丹纳赫、罗氏、九强生物、科华生物、中生北控、迈克生物、新产业生物	试剂:70%国产;设备:仍以国外品牌为主	110亿元,10%
POCT诊断		胶体金、干生化、PCR、化学发光	血糖、心血管疾病、血气电解质、传染病、凝血、妊娠	强生、罗氏、雅培、三诺生物、基蛋生物、万孚生物、北京怡成	高端市场由国外品牌占据	50亿—65亿元,25%以上
血液诊断	对血液中的红细胞、白细胞、血小板等有形成分进行分析	涂片+镜检、全血细胞分类分析、流式细胞仪	血小板成分、凝血	希森美康、丹纳赫、碧迪医疗、迈瑞医疗、江苏英诺华、乐普科技	高端市场由国外品牌占据	50亿—65亿元,20%
分子诊断	在分子生物学领域,利用核酸与相应的核酸杂交原理,使用特质的核酸作为探针有效地检测出体细胞或者核酸中的序列	核酸扩增技术(PCR/RT-PCR)、荧光原位杂交技术(FISH)、单核苷酸多态性(SNP)、基因芯片	DNA/RNA	罗氏、碧迪医疗、华大基因、贝瑞和康、达安基因、科华生物	试剂:国产为主;设备:进口为主	30亿—40亿元,20%—25%

续表

细分领域	基本原理	技术方法	检测项目	中国市场中的企业	中国市场现状	2016年中国市场规模及2016—2021年行业预计复合增速
微生物诊断		分离培养,药敏试验,形态观察+生化试验	病原微生物的形态特征、代谢特征和药敏特征	赛默飞世尔、生物梅里埃、碧迪医疗、科华生物、达安基因、丽珠集团、安图生物	高端市场由国外品牌占据	20亿—30亿元,10%

资料来源:公开资料整理

由于体外诊断在我国起步晚、研发投入不够等因素,国内企业市场占有率较低。2015年,占据市场超过5%份额的五家国外巨头(罗氏、希森美康、西门子、丹纳赫、雅培)组成了第一梯队,总共占据国内市场36.8%的市场份额。国内如科华生物、迈克生物、安图生物、利德曼等优秀企业组成了第二梯队。最后国内一大批中小企业组成第三梯队,它们市场占有率较低,600家左右的企业共占据约40%的市场份额,整体规模效益不高,如图5-6所示。

从市场结构上来说,与国际各类检测市场份额相互接近的状况所不同,我国体外诊断行业集中度较高,主要集中于免疫诊断、生化诊断和血液诊断三大技术。免疫诊断遥遥领先,占比38%;而国内即时检验(POCT)刚刚起步,11%的市场份额远远低于全球水平29%,见图5-7。

具体到各个细分领域来说,各子领域均处于行业成长期,见图

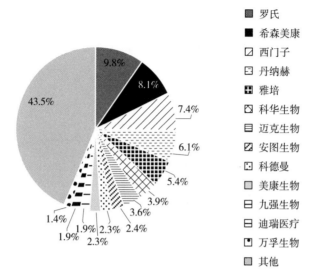

图 5-6　2015 年国内体外诊断行业竞争格局

资料来源：中国产业信息网、各公司财务报告

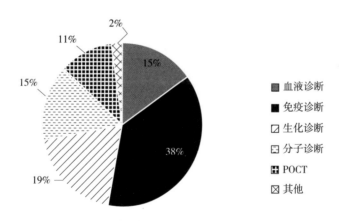

图 5-7　国内体外诊断行业根据技术划分的市场结构

资料来源：米内网

5-8。生化诊断市场是我国发展最早、最成熟的细分市场,预计未来发
展平稳向好;免疫诊断市场是目前体外诊断市场的主流,其中化学发光
是增长最快的细分领域;微生物诊断市场仍将有望处于一个较快增长

的速度,主要受益于国家加大了对抗生素的使用控制,从而微生物诊断将受到医疗机构的普遍重视;POCT 市场是未来发展的重点细分市场,但由于应用场景和检测对象很多,所以未来行业集中度预计较低。

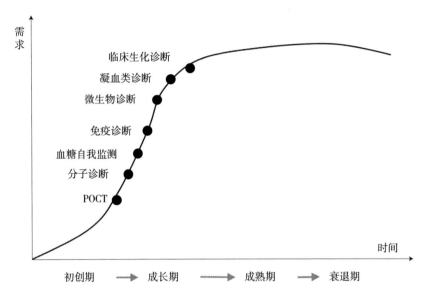

图 5-8　我国体外诊断各子行业均处于行业生命周期中的成长阶段

资料来源:Allied Market Research

从国产化角度来说,生化诊断市场中的 55% 由国内产品占据,但免疫诊断市场仅有 10% 是国内产品,进口替代空间巨大,见图 5-9 和图 5-10。随着我国体外诊断行业的快速发展,众多国内外企业加入竞争,行业竞争日趋激烈。许多国际知名跨国公司在我国有较强的竞争优势,尤其在三级以上医院拥有较高的市场份额。与此同时,体外诊断行业较高的利润率水平、广阔的市场发展空间,可能吸引更多的企业进入本行业,市场竞争可能进一步加剧。面对国际知名体外诊断公司的技术与品牌优势,以及不可控的因素,如跨国巨头改变市场战略,采取降价、收购等手段抢占市场,集中资源进入某些细分领域等,国内企业必须在成本、技术、品牌等多方面取得竞争优势才有望实现进口替代。

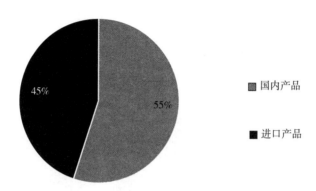

图5-9 国内生化诊断产品进口替代情况

资料来源:中国医药工业信息中心

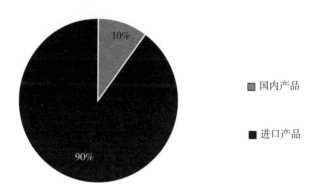

图5-10 国内免疫诊断产品进口替代情况

资料来源:中国医药工业信息中心

三、我国医用高值耗材行业特点

我国的医用高值耗材行业发展历史仅有二十多年时间,主要由骨

科、心血管等各科所需的介入器材、植入器材和人工器官等高附加值的
消耗材料组成。骨科植入耗材和心血管支架是其中最大的两个市场，
具体市场规模见图5-11和图5-12。

图 5-11　骨科植入耗材市场规模

资料来源：申万宏源、前瞻产业网

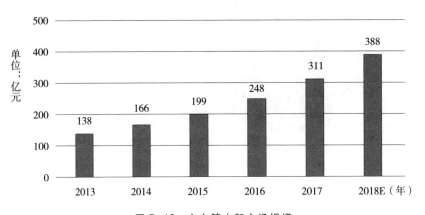

图 5-12　心血管支架市场规模

资料来源：申万宏源、前瞻产业网

　　我国医用高值耗材生产企业呈现"数量多、规模小"现象，缺乏强
硬的竞争能力，就销售额而言，目前国外厂商产品在国内占据较大优

势,国外知名企业凭借其技术性能和质量水准在高端市场上竞争优势明显。

在行业技术不断创新,国内企业自身技术、工艺及研发能力不断提升的背景下,我国医用高值耗材行业国产化的进程已经开启,部分细分领域如支架、骨科创伤类及脊柱类植入耗材逐渐开始实现进口替代。随着行业技术创新和技术层次的不断提升,国内医疗器械行业逐渐向价值链的高端环节转移,高端医疗器械领域的国产化面临突破,未来进口替代将成为国内医用高值耗材企业获得高速增长的主要机会。

心血管支架方面,自2002年起,微创医疗、乐普医疗等一批本土企业借助医保政策打开市场局面,并且逐步在研发实力上追赶国际巨头,如今已经掌握70%—80%支架市场,基本实现了国产替代,但也因此造成了我国支架市场逐渐饱和。2011年CFDA出台了《冠状动脉药物洗脱支架临床试验指导原则》,大幅提高支架产品准入门槛,提高生产商的成本,进一步压缩了生产商的利润。

医药卫生体制改革带来了心血管支架产品的新增量市场,即村、镇、县、地市为中心的基层医疗市场。随着新农合的实际报销比例不断提高,在我国“大病不出县”的原则指导下,经皮冠状动脉介入治疗(PCI)手术的基层需求将得到释放。而国产产品价格仅为进口产品价格的55%—65%,大概率继续维持国产主导的市场情况。

骨科植入产品方面,按用途可分为三大类:创伤、关节、脊柱。目前国产创伤类产品已经获得超过一半的市场份额,但关节和脊柱产品仅占30%左右。目前我国已进入老龄化社会,预计将会有2.5亿60岁以上人口,见图5-13。而且,据调查50岁以上人口平均骨质疏松发病率更是高达60%,见图5-14,伴随骨质疏松而来的是骨折、骨坏死、残疾等病症,对骨科植入耗材将会产生巨大需求。

图 5-13　我国 60 岁以上人口预测

资料来源:联合国

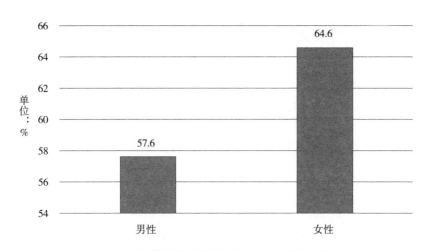

图 5-14　我国 50 岁以上人口骨质疏松发病率

资料来源:申万宏源

第三节　海外医疗器械行业分析

一、海外医疗器械行业特点

（1）高增速。2010—2016年的大多数年份中器械市场的增长速度持续高于药品市场,该趋势仍将持续。从全球范围来看,医疗器械的投资周期较短,投资回报非常可观。2016年全球医疗器械市场规模为3870亿美元,同比增速约4.3%,略高于全球药品行业3%左右的增速,如图5-15和图5-16所示。2016年我国医疗器械市场规模为3700亿元,2013—2016年的增速均超过20%,远高于全球增速,也高于2013—2016年我国药品市场规模10%—20%的增速,如图5-17和图5-18所示。

（2）全球市场集中度较高。以强生、西门子、美敦力和通用电气医疗为首的前20家国际医疗器械巨头凭借强大的研发能力和销售网络,占据全球近53%的市场份额,前10大企业市场集中度约36%,见图5-19。

（3）龙头子行业突出。细分市场占比超过5%的子行业包括体外诊断、心脏、影像诊断、骨科、眼科、整形六大细分领域,其中体外诊断、骨科和心脏介入是国内增速最快的高值耗材,是值得重点关注的海外并购子行业,见图5-20。

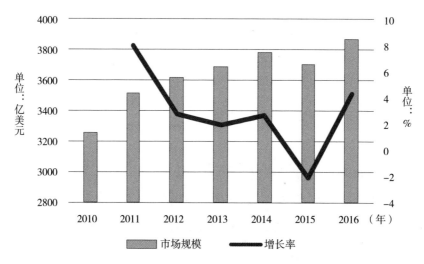

图 5-15 全球医疗器械市场规模及增速

资料来源:EvaluateMedTech、中信建投

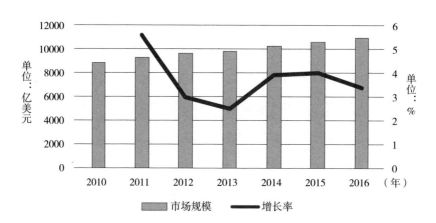

图 5-16 全球药品市场规模及增速

资料来源:IM Health、中信建投

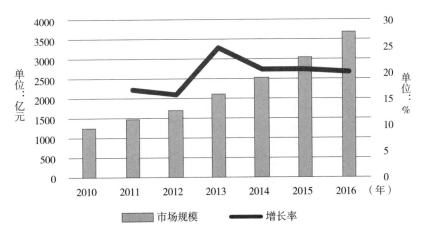

图 5-17　我国医疗器械市场规模及增速

资料来源:王宝亭、耿鸿武主编:《中国医疗器械行业发展报告(2017)》,社会科学文献出版社
　　　　2017 年版。中信建投

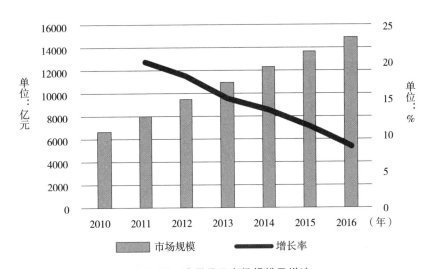

图 5-18　我国药品市场规模及增速

资料来源:米内网、中信建投

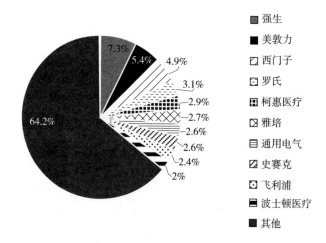

图 5-19　2014 年全球前 10 名医疗器械企业

资料来源：EvaluateMedTech、申万宏源

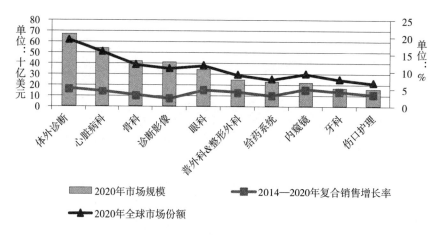

图 5-20　2014—2020 年全球医疗器械市场前 10 大子
行业市场份额、规模和销售增长

资料来源：EvaluateMedTech World Preview 2015，Outlook to 2020

二、体外诊断行业和高值耗材行业的海外市场分析

(一)体外诊断行业

体外诊断是医疗器械领域中最大的一个板块,占据约全球医疗器械 13%的市场份额。据 EvaluateMedTech 预测,体外诊断行业市场规模将会在 2018 年达到 545 亿美元,2011—2018 年的年均复合增长率达到 4.4%,见图 5-21。其中北美地区、欧洲和日本占据全球 75%以上的市场份额,然而增长已经趋于平缓。中国作为新兴市场的代表,增长远超国际平均水平,预计 2013—2018 年均复合增长率达 15%。

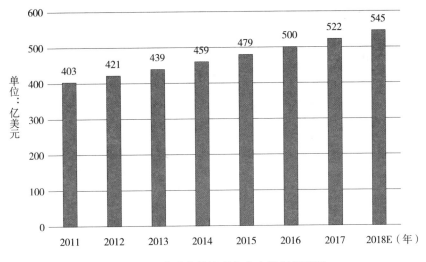

图 5-21 全球体外诊断行业市场规模预测

资料来源:EvaluateMedTech

从市场结构来看,全球体外诊断行业各细分市场分布均匀,前四大诊断领域分别为即时检验(POCT)、微生物诊断、免疫诊断和生化诊断,见图5-22。

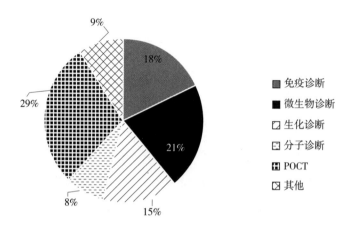

图5-22　全球体外诊断行业市场结构

资料来源:EvaluateMedTech

从集中度来看,全球体外诊断市场集中度较高。前四大体外诊断公司罗氏、西门子、贝克曼库尔特和雅培占据了体外诊断市场48.5%的市场份额,前十大体外诊断公司占据了全球近80%的市场份额,如图5-23所示。这些国际巨头普遍历史悠久,规模庞大,产品线丰富,并且掌握着最前沿的技术,其生产的诊断仪器及试剂在性能上有绝对的优势,同时又有广阔的营销渠道。

各细分子行业的集中度也较高,尤其是成熟的生化诊断市场和免疫诊断市场,集中度更高,如图5-24和图5-25所示。

从地区分布来看,全球体外诊断市场分布不均衡,以北美地区、欧洲、日本等为代表的发达经济体占据着体外诊断市场的主要份额,如图

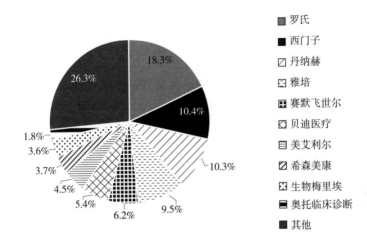

图 5-23　2015 年全球体外诊断市场竞争格局

资料来源：EvaluateMedTech

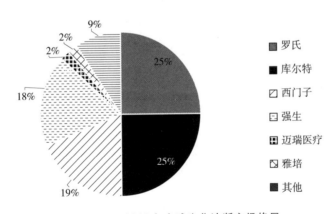

图 5-24　2014 年全球生化诊断市场格局

资料来源：各公司年报

5-26 所示。2016 年北美地区体外诊断市场在全球占比为 42.4%，欧洲占全球体外诊断市场的 24.5%，但是由于欧美国家人口增长放缓、体外诊断总体价格下调，欧美市场处于缓慢增长状态。亚洲体外诊断

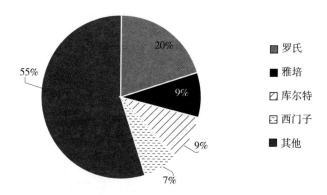

图 5-25　2017 年全球免疫诊断市场格局

资料来源：Wind

市场中,日本占比最大,市场份额达 8.7%。亚洲其他新兴市场(如中国、印度等)得益于庞大的人口基数、经济飞速发展以及医疗投入不断加强,体外诊断行业正飞速发展,见图 5-27。根据中国产业洞察网的数据,2016 年中国在全球体外诊断市场中占了 4.2%的市场份额。

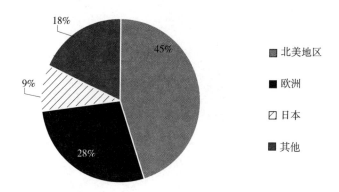

图 5-26　2013 年全球体外诊断市场分布情况

资料来源：Kalorama Information

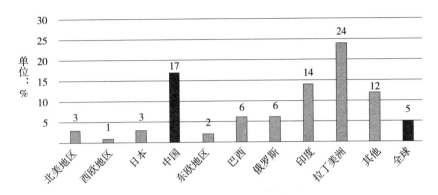

图 5-27　2011—2016 年全球各地区体外诊断试剂销售复合增速

注：拉丁美洲包括墨西哥，不含巴西；西欧地区包括瑞士、挪威。

资料来源：Kalorama Information

（二）高值耗材行业

对于高值耗材行业来说，全球高值耗材以骨科和心血管两类应用产品的需求最大，2017 年分别占全球生物材料市场的 37.5% 和 36.1%；其次以伤口护理和整形外科为主，2017 年约占全球生物材料市场的 9.6% 和 8.4%，见图 5-28。

骨科是医疗器械行业的一个重要子行业，根据 EvaluateMedTech 的数据，2014 年骨科占医疗器械市场规模的 9.3%，且仍处于快速增长中。据 Allied Market Research 调查报告显示，2016 年全球骨科植入物市场达到 472.6 亿美元，预计到 2023 年将达到 748 亿美元。2017—2023 年期间，预测年均复合增长率为 6.8%。2017 年上半年全球骨科耗材五强德鲁伊（DePuy）、施乐辉、美敦力、史赛克、捷迈邦美，骨科业务共收入共 132.2 亿美元，见表 5-9。

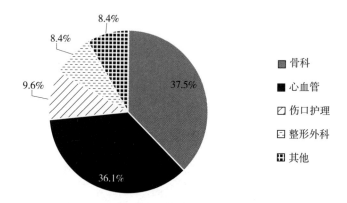

图 5-28 2017 年生物材料市场份额分布

资料来源:申万宏源

表 5-9   2017 年上半年全球骨科耗材五强营业收入

2017 上半年	美敦力	德鲁伊(DePuy)	史赛克	捷迈邦美	施乐辉
总营业收入(百万美元)	14511	13019	5967	3832	2336
增长率(%)	1.2	4	11.8	2.4	/
骨科业务收入(百万美元)	1308	4668	2276	3932	1038
骨科业务增长率(%)	-1.9	-0.6	6.4	2.4	2.7
骨科业务占比(%)	9	35.9	38.1	100	44.4

资料来源:申万宏源

心血管疾病是全球头号死因,全世界每年死于心血管疾病的人数高达 1500 万人,占全球死亡总数的 20%—30%。全球介入性心血管疾病治疗市场规模逐年增加,到 2014 年突破 200 亿美元大关。2016 年全球介入性心血管疾病治疗市场规模达到了 298 亿美元,预计 2020 年全球心脏医疗器械规模将达到 516 亿美元,如图 5-29 所示。

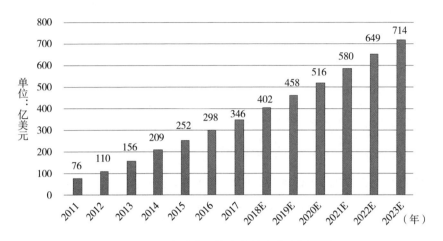

图 5-29　全球介入性心血管疾病市场规模

资料来源:智研咨询

第四节　医疗器械行业海外并购案例分析

一、技术驱动:华大基因收购完全基因(CG)

　　华大基因成立于 1999 年,是全球领先的基因组学研发机构。秉承
"基因科技造福人类"的使命,怀抱"健康美丽,做生命时代的引领者"
的愿景,华大基因以"产学研"一体化的发展模式引领基因组学的创新
发展,通过遍布全球一百多个国家和地区的分支机构与产业链各方建
立广泛的合作,将前沿的多组学科研成果应用于医学健康、农业育种、
资源保存、司法服务等领域,坚持走"自我实践、民生切入、科研拓展、
产业放大、人才成长"的新型发展道路,做到五环联动、循序递进,切实

推动基因科技成果转化。

收购标的完全基因(CG)成立于 2005 年,位于美国加利福尼亚州山景城,主要提供人类全基因组测序服务,一直因技术卓越而著称,拥有自行生产测序仪的能力。但完全基因(CG)在运营方面却选择了不同于竞争对手的道路,完全基因(CG)不出售仪器设备和技术,而是提供人类基因组测序服务。尤其是受到来自生命技术公司(Life Technologies)与启发(Illumina)等公司的竞争压力,再加上美国国立卫生研究院削减对基础科学研究的资助,使得完全基因(CG)经营雪上加霜。

2013 年 3 月 18 日,华大基因宣布以 1.176 亿美元完成对美国纳斯达克上市公司完全基因(CG)的现金收购。完全基因(CG)通过其领先的测序服务的模式,提供了精确的人类全基因组学技术,拥有易用、高效、先进的信息及分析系统,它为更好地了解疾病的预防、诊断和治疗提供了所必须的基因信息。虽然技术水平与启发(Illumina)公司还有差异,但是通过反向工程技术,华大基因可以逐步掌握核心技术。预计未来华大基因测序国产化率会逐步提高。

通过此次跨境并购,华大基因一方面获得生产基因测序仪的技术与产能,降低对启发(Illumina)公司等测序仪和试剂提供商的依赖,从而降低公司提供测序服务的成本;另一方面,华大基因拥有了基因研究的全产业链,完全基因(CG)开发的基因测序技术与华大基因的跨组学技术平台整合后提升了华大基因的技术、装置及信息水准,并拓展了基因测序的服务领域和地域,华大基因因此在美国拥有了一支专业的研发团队,具备了研发型科技公司进行"科学发现、技术发明、产业发展"的必要条件。

二、跨界复制进口替代的成功:微创医疗收购瑞特医疗 (Wright Medical)

微创医疗成立于 1998 年,是一家中国领先的高端医疗器械集团,致力于通过不断创新向市场提供能挽救并重塑患者生命或改善其生活质量的高性价比医疗方案,主营业务覆盖心血管介入产品、骨科医疗器械、大动脉及外周血管介入产品、电生理医疗器械、神经介入产品、心律管理产品、糖尿病及内分泌医疗器械和外科手术等领域。

在 2013 年之前,微创医疗的主营业务是心脏支架,充分借助国产产品替代进口产品的机会,在中国药物洗脱支架市场中发展成为市场占有率第一的企业,随着心脏支架业务增速逐渐放缓,竞争格局逐渐稳定,中国市场前三名企业的市场占有率达 70%。公司开始在强化心血管支架业务的同时持续推进多元化发展,主要通过内生式的研发创新与外延式的并购,逐渐渗透到医疗器械的其他领域并努力复制其在支架领域的进口替代的成功,例如微创医疗关注到的骨科领域,中国目前的骨科市场分散化格局明显,预计未来仍需要 8—10 年时间才能看到终端竞争格局上的显著变化。

2013 年 6 月 18 日,微创医疗宣布与美国瑞特医疗公司正式签约以现金 2.9 亿美元收购美国瑞特医疗旗下 OrthoRecon 关节重建业务及其相关资产,该业务部门主要负责髋关节和膝关节植入物的销售。自此,微创医疗成为全球第六大髋关节和膝关节重建业务的国际化骨科公司,微创医疗的国际业务与国内业务的百分比分别为 60% 和

40%。瑞特医疗在全球骨科行业经营超过 60 年,专注于研发髋膝关节产品,瑞特医疗共有两大事业部,主要产品包括人工髋关节、膝关节,末端人造关节和其他一些骨科产品,本次微创医疗收购的 OrthoRecon 事业部的年销售额大约为 2.7 亿美元,占瑞特医疗全部销售额的 60%左右。

微创医疗通过此次跨境并购,首先提升了产品的地区覆盖情况,具备了整合海外资源的能力,获取了全球化销售网络的渠道优势,进入了全球器械市场,提升了公司在美国、欧洲、日本、巴西、印度和阿根廷的市场参与度;其次,获取了具备创新优势的产品线和研发人员,通过利用 OrthoRecon 事业部较强的研发创新能力加速企业创新,并利用优势产品深耕中国市场;再次,通过此次并购支架进入高增长的骨科高值耗材行业以维持公司业务增长,比如我们看到,2012 年跨国巨头美敦力收购中国骨科器械公司康辉,2013 年史赛克收购创生医疗,可印证得知骨科高值耗材行业巨头亦看好高速增长中的中国市场。

同时,收购正处于亏损的业务也需要投后整合的大量工作。微创医疗因受该交易的拖累,在 2014—2015 年的利润均为负,但随着骨科业务的整合逐渐完成,以及传统业务继续保持稳定增长,2016 年上半年微创医疗已实现扭亏为盈。

从过去来看,跨境并购已成为微创医疗全球化的重要战略。例如,在 2013 年并购 OrthoRecon 之后,微创医疗于 2017 年 11 月收购欧洲心脏节律管理业务供应商丽瓦诺瓦(LivaNova),其业务主要包括起搏器、除颤器、心脏再同步装置。过去中国的心率管理器械(CRM)市场几乎被国外医疗巨头垄断,这次的跨境收购将使微创医疗跨国研发的时间成本而直接成为国际上拥有领先 CRM 技术的企业之一,并在中国 CRM 业务上占领龙头地位。

三、多元化发展:蓝帆医疗并购柏盛国际

收购方蓝帆医疗主营医用橡胶手套,属于低值耗材行业。公司成立于 2002 年,为中港合资企业,于 2010 年在深圳证券交易所上市,是国内健康防护手套领域第一家上市公司。公司 2017 年收入规模 15.8 亿元,核心产品是聚氯乙烯(PVC)手套,年产量约为 150 亿只,占全球市场 22% 的份额,产能和市场占有率都是全球第一。公司产品遍布一百多个国家和地区,多年战略合作伙伴包括康德乐、HCA(美国医院集团)、麦克森等国际知名医药经销商,具有向医疗器械行业纵深发展、全球布局的渠道基础,其中在美国市场具备销售优势,在美国聚氯乙烯(PVC)手套市场的占有率多年排名第一。

收购标的柏盛国际是全球第四大心脏支架供货商。柏盛国际于 1990 年成立于新加坡,公司专注于心脏支架及介入性心脏手术相关器械产品的研发、生产和销售。在新加坡、瑞士、中国内地及香港地区、法国、德国、西班牙、日本、美国、荷兰等国家和地区均设有运营主体,共销往全球九十多个国家和地区。2005 年在新加坡上市,2013 年中信产业基金入股成为第一大股东,2016 年完成私有化退市,于 2018 年被蓝帆医疗收购,进入中国资本市场。心脏支架行业的竞争格局整体较为稳定。按照 2016 年国内外支架销量统计,公司在全球范围内的市场占有率约 7%,境内全资子公司吉威医疗在中国市场的市场占有率约 19%;

从心内科耗材销售额情况来看,柏盛国际 2017 年销售额仅次于美敦力 (心内科耗材收入 31. 1 亿美元)、波士顿科学(收入 24. 2 亿美元)和雅培。

本次交易中,蓝帆医疗通过定向增发和现金支付方式,作价 58. 95 亿元,完成收购 CBCHII 公司 93. 37% 股权,2018 年 5 月 14 日完成交割。CBCHII 下属全资子公司柏盛国际主要从事介入性心脏手术器械的研发、生产和销售,柏盛国际承诺 2018—2020 年实现扣除非经常性损益后归母公司净利润不低于 3. 8 亿元、4. 5 亿元和 5. 4 亿元。

蓝帆医疗通过本次收购,首先拓展了业务线并增加了公司业绩,在原有业务基础上新增心脏支架产品线,实现从低值医疗耗材向高值医疗耗材业务延伸和产业升级的战略目标,医疗器械产品更加全面;其次,柏盛国际的产品具有技术优势和长期发展潜力,公司旗舰产品 Bio-Freedom 支架可将双联抗血小板治疗(DAPT)周期缩短至一个月,相较于裸金属支架在临床试验数据上具有明显优势,随着市场中高端支架占比的提升,柏盛国际已进入新品红利期;再次,蓝帆医疗也因此获取柏盛国际的全球化运营平台,以此作为未来国际化扩张和产品多元化发展的起点,从而转型进入高端医疗器械领域。

此次收购的协同效应主要体现在销售方面。心脏支架厂商和 PVC 手套厂商的下游客户均是分散的医疗机构,蓝帆医疗借此整合了公司与柏盛国际在重点市场的销售网络,双方共享各地优质客户,未来通过统一规划和整合区域业务的布局,共同开拓新的区域市场,从而建立一体化的医疗器械相关产品的销售优势。值得注意的是,此次交易不同于其他跨国并购交易的地方在于,柏盛国际在中国已有较强的布局,其子公司吉威医疗在国内服务 1100 余家医疗机构,拥有数千名的专家与医师资源,覆盖包括一二线城市在内中国 80% 以上的 PCI 医院,同时也在积极联合心血管医生集团、国家心血管联盟展开医师培训并拓展县级的蓝海市场。

同时,蓝帆医疗和柏盛国际的管理文化较为相近,预计在投后整合中文化障碍较小。蓝帆医疗的手套业务近 90% 是出口海外市场的,公司具备国际化视野,柏盛国际是新加坡公司,70% 员工具有中文文化背景。蓝帆医疗和柏盛国际的管理层多为职业经理人,,本次重组从预案到最终完成不到一年时间,反映了双方管理层较强的执行力和合作意愿。

第五节　思考与建议

正如我们在第一章中介绍的一样,医疗器械海外并购事件发生的推动原因主要有四种:最重要的是弥补技术差距,其次是全球化扩张或升级市场,再次是海外标的丰富或估值比国内便宜,最后是器械公司本身发展依赖并购的特点。针对国内低端医疗器械产品产能过剩、无序竞争、高端产品缺失等问题,我们看到进口垄断的现状,未来有望通过跨境并购来助力医疗器械产品国产化,而跨境并购的核心是接受、吸纳国外的先进技术。

在选择细分赛道上,我们经常能看到产品跨界和赛道跨界的并购,对于企业来说除了关注大空间的主赛道以外,也要关注高增长的小赛道。根据国家政策指引的四大战略性新兴医疗器械方向(国家发改委2017年第1号公告指出,医疗器械领域的医学影像设备与服务、先进治疗设备及服务、医用检查检验仪器及服务、植介入生物医用材料及服务四大类方向入选《战略性新兴产品重点产品和服务指导目录(2016版)》,我们认为以下九个子行业值得考虑:医学影像设备中的核医学影像设备与内窥镜,先进治疗设备中的手术机器人和康复机器人,医用检查检验仪器中的体外诊断、质谱仪和基因检测,植介入生物医用材料中的高值耗材和医疗3D打印,本章我们重点分析了两个主赛道——体外诊断与高值耗材,其余七个新兴赛道目前均处于两位数高位增长中,但目前的市场规模偏小,故没有详细讨论。

在收购对象上,我们观察到医疗器械行业的集中度正在逐渐提升,考虑到直接收购强生、美敦力等跨国公司的医疗器械部门的难度较大,可以考虑收购器械的上游核心零部件生产商,如CT核心零部件领域的球管、探测器,化学发光仪器上游的感光器等领域;可以考虑收购拥有先进技术的公司或团队,为公司切入高端器械领域做铺垫;可以考虑收购海外器械销售公司,开发海外渠道,为进军海外市场做好铺垫。

从器械巨头公司的发展史中,我们看到器械巨头公司不断地收购创新技术公司以弥补内生性研发,从而弥补行业内产品技术快速的更新迭代;另一方面,器械巨头公司也在向新兴市场或蓝海市场扩张,并通过跨赛道并购丰富产品线,从而减少细分领域市场空间的"天花板"带来的增长压力。

具体到细分行业,我们认为对于体外诊断行业而言,需要提升产品技术、产业链布局和海外渠道资源。

随着时间的推移,海外企业的技术研发不断推进,产品质量也在不断提高,中国体外诊断公司可以考虑通过跨境并购引进国际领先技术,提升产品技术。

在以客户需求为导向、竞争激烈的体外诊断行业中,为了提高自身的盈利能力与诊断技术水平,中国体外诊断公司需要逐步向产业链上下游布局延伸。布局新细分市场,丰富公司产品线。

拓展公司国际业务海外渠道,提高公司海外市场品牌影响力,以国内高性价比的产品优势打开海外蓝海市场。

对于高值耗材行业而言,提高产品技术和优化销售渠道是重中之重:

产品技术的吸收。高值耗材行业是一个多学科交叉、知识密集、资金密集型的高技术行业,行业内企业前期研发投入大、风险高。通过海外并购可以引进吸收海外优质的产品和技术资源,满足国内市场对高端产品的需求。

销售渠道的扩张。流通环节作为连接高值耗材生产厂商与各级医疗机构的纽带,在整个高值耗材产业链中扮演着承上启下的重要角色。海外并购可以拓宽销售渠道,是国内企业实现国际化和全球化的重要战略。

第 六 章

医疗服务行业的跨境并购方法论

医疗服务行业子行业众多,我们重点从外包服务模式(包括合同研究组织、合同生产组织)和医疗服务机构(重点介绍辅助生殖)两个领域切入,为医疗服务行业的跨境并购提供思路。

第一节 医药研发和制造的外包服务行业

一、CRO:西学东渐,通过跨境并购加速发展

合同研究组织(CRO,contract research organization)是人才密集型、轻资产型行业。CRO 企业通过与医药企业之间"风险共担、收益共享"的新药研发模式,进一步降低了医药企业的研发风险。从全球市场看,不断下降的研发效率和逐渐上涨的研发成本共同推动了医药企业研发

从自主研发向研发外包转变。目前全球 CRO 市场中欧美企业占据主导地位,由于新兴国家较低的人工成本和庞大的医药市场,新兴市场的 CRO 企业也正在蓬勃发展。从国内市场看,CRO 业务仍以仿制药注册临床试验为主,与海外差距较大。有能力整合产业链上下游,从而提供一体化解决方案的 CRO 企业将成为行业的领军者,这也是未来国内企业跨境并购的重要方向。

(一)CRO 行业简介

1. 定义

CRO 是一种学术性或商业性的科学机构和个人,负责进行药物研究开发过程所涉及的全部或部分活动,基本目的在于代表客户进行全部或部分的科学或医学试验,以获取商业性的报酬。CRO 公司通常由熟悉药物研发过程和注册法律法规的专业化人才组成,具备规范的服务流程,在一定区域内拥有合作网络,可以在较短的时间内完成客户所需的专业研究服务,降低医药企业新药研发的风险。

2. CRO 行业的意义

新药研发是一项复杂的系统工程,主要包括化合物研究、临床前研究、临床研究、药品注册申请与审批以及上市后持续研究,具有成本高、周期长、风险大的特点。根据 Tufts 的研究,新药研发的平均成本已经由 2003 年的 8 亿美元上涨到 2010 年的 25.6 亿美元,而这个数据在 1970—1980 年间只有不到 2 亿美元。从研发时间来看,目前一个新药从药物研发阶段到美国 FDA 批准上市平均需要 10—15 年的时间。从研发投入的阶段来看,临床研发阶段的比重不断上升,2000—2010 年间临床研发成本达到 14.6 亿美元,占比 57%。

如果在药物研发中采用 CRO 外包模式,那么临床试验时间可能缩短 20%—30%,借助 CRO 企业的经济成本优势将相对降低研发投入,同时 CRO 企业与医药企业之间"风险共担、收益共享"的新药研发模式,则进一步降低了医药企业的研发风险。

总体来看,CRO 行业是一个人才密集型、轻资产的行业,该行业属于充分竞争市场,除与同类公司的竞争外,在临床试验及研发服务领域,CRO 企业必须同医药企业内部的自有临床研究部门以及医学院和教学医院展开竞争;在统计分析领域,CRO 企业须与大学统计教研室及临床试验机构的内部统计部门竞争;在注册事务领域,CRO 企业须与医药企业内部的注册部门竞争;在医学翻译领域,CRO 企业须与专业翻译公司、大学和兼职翻译者竞争。

3. 目前主要的四种商业模式

(1)传统模式:CRO 企业依据合同收取研发服务费用,但不承担研发失败风险,即"一手交钱,一手交货"。

(2)创新型模式:按照合同进度付费,在付费时间上有所突破,比如完成某一阶段/"里程碑"之后医药企业向 CRO 企业支付相应比例的服务费。

(3)结果导向型模式:项目服务费事先约定,并不是一次付清,而是根据进度,提前完成 CRO 企业会获得超额奖励,推迟完成则相应减少服务费,客户只关注结果,CRO 企业需承担一定程度的研发失败的风险。

(4)风险共担模式:CRO 企业更深入地参与到新药研发的项目中,与医药企业共担风险、共享收益,CRO 企业主动承担风险并分享更多的回报。

根据参与试验的阶段,CRO 企业可分为临床前 CRO 和临床试验

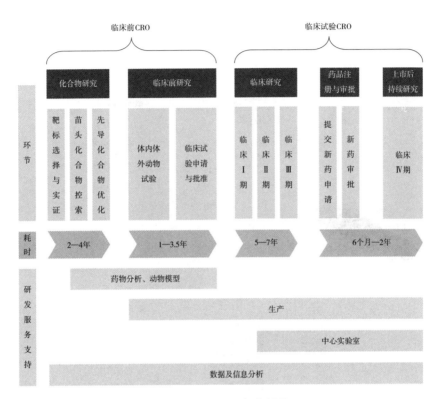

图 6-1　CRO 子行业概况

资料来源：William Blair、Pharma Projects、南方所及公开信息

CRO 两大主要类别，见图 6-1。目前临床前 CRO 主要从事化合物研究
服务和临床前研究服务，其中化合物研究服务包括调研、先导化合物和
活性药物中间体的合成及工艺开发；临床前研究服务服务包括药代动
力学、药理毒理学、动物模型等。临床试验 CRO 主要以临床研究服务
为主，包括 I 至 IV 期临床试验技术服务、临床试验数据管理和统计分
析、注册申报以及上市后药物安全监测等。

　　从市场结构来看，全球市场以临床 III 期 CRO 业务为主，印度市场
以生物等效性/生物利用度（BE/BA）试验为主，中国市场以临床前

CRO 业务为主,如图 6-2。

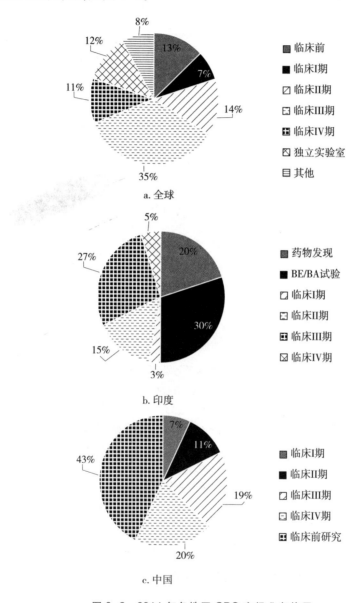

a. 全球

b. 印度

c. 中国

图 6-2　2014 年各地区 CRO 市场业务格局

资料来源:临床领袖(Clinical Leader)、克里斯尔(Crisil)、全国医药技术市场协会、Frost & Sullivan

(二)全球市场基本面

1. 医药研发外包趋势利好 CRO

随着技术革命和经济全球化的发展,医药产品公司的研发活动正在从研发全球化阶段向研发外包转变。

由于开发新产品的复杂程度不断加大,临床试验成本的增加以及监管法规的日趋严格,高额的研发投资并未给跨国医药公司带来与投资相对应的巨额回报,反而导致研发效率不断下降。根据 Tufts 的数据,每个新药的平均研发成本从 1975 年的约 1.4 亿美元,上涨到 2009 年的 12 亿美元。因此,跨国公司一直在调整其研发体系以应对市场变化,并不断增加研发外包的比例。一方面,由于医药产品开发日益呈现多学科性,理论和结构生物学、计算机和信息科学越来越多地参与到新药的研究阶段,需要不同领域的公司来提供专业化高效率服务,以分解研发活动的复杂性并缩短研发周期;另一方面,跨国公司将部分研发工作向新兴市场 CRO 企业外包,可以获得低成本的人力资源优势,减少高额研发成本的压力。根据 IMS Health 的数据,2006 年至 2010 年,全球医药研发外包的金额已经从 196 亿美元增长到 360 亿美元,年均复合增长率达到 16.4%,超过了全球医药公司每年研发费用的增长率。

从地区来看,欧美地区的 CRO 企业占全球市场份额较大,处于市场主导地位,全球最大的 50 家 CRO 企业中大部分是美国和欧洲公司,见图 6-3。其中,美国 CRO 行业在全球处于领先地位,CRO 企业已发展到三百多个,在全球 CRO 行业占据了较多的市场份额。

这些跨国 CRO 企业拥有庞大的资源网络、全面的服务内容和优秀的管理团队,能够为制医药企业提供覆盖全球的全产业链研发服务。

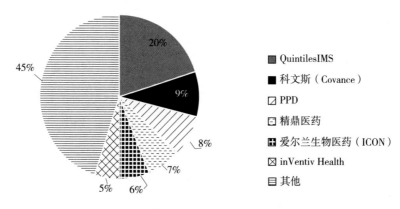

图 6-3 2016 年 CRO 行业主要参与者的市场份额

资料来源:Business Insights

亚太地区等新兴市场 CRO 处于高速成长阶段,增速明显高于其他地区。随着欧美等国医药研发成本持续上升,而新兴国家以较低的人工成本和庞大的医药市场等多种优势,吸引大型跨国企业将研发工作离岸外包至新兴市场国家,从而大幅降低跨国企业的研发成本、缩短新药研发周期。亚洲地区以日本起步和成熟较早,日本 CRO 企业 EPS 株式会社已成为大型跨国 CRO 集团。由于拥有世界上最大的人口基数,中国和印度拥有庞大的患者群体,临床试验样本数充足。印度拥有与欧美较为相似的人种和病谱,相同的语言习惯。中国在临床前和临床试验各阶段的研究试验费用仅为发达国家的 30%—60%,极具成本优势。中国、韩国、新加坡、印度、日本等正经历生物医药产业的迅速崛起,研发支出增长迅速。中国的成本和产业前景形成了 CRO 向中国产业转移的比较优势。

2.国外优质企业情况

据 Business Insights 统计,截至 2015 年底,全球 CRO 公司的数量已超过 1100 家,承担了全球近 50%的新药研发任务,典型的如 Quintiles-IMS、科文斯(Covance)、查尔斯河(Charles River)、精鼎医药、药明康德、ICON、PPD 等大型跨国 CRO 企业,如表 6-1 所示。

表 6-1　CRO 行业国际企业简介

企业名称	简介
QuintilesIMS	QuintilesIMS 是世界上最大的 CRO 企业,创立于 1982 年,业务覆盖一百多个国家。作为良好临床实践(GCP)的供应者,QuintilesIMS 实现了临床试验数量和质量的"双重领先"。2016 年 5 月昆泰(Quintiles)与健康产业战略咨询服务商 IMS Health 宣布合并,合并后的公司改名为 QuintilesIMS。
科文斯(Covance)	Covance 成立于 1997 年,于 2015 年被实验室集团(LabCorp)收购后,主要为药物和诊断研发与商业化提供综合临床实验室服务与点对点解决方案。
精鼎医药	Parexel 成立于 1982 年,是一家致力于药物临床试验研究的 CRO 集团公司。总部位于美国,分支机构遍布欧、美、亚、大洋四大洲,在全球 51 个国家拥有超过 18600 名员工。
inVentiv Health	inVentiv Health 为医药、医疗器械和生物工程客户提供临床研发、销售及商务咨询服务,目前在全球范围内九十多个国家中拥有超过 15000 名医疗专业人员。2017 年,inVentiv Health 已与 INC 研究(INC Research)合并。
爱尔兰生物医药(ICON)	爱尔兰生物医药(ICON)成立于 1990 年,主要从事药物临床试验研究服务,目前在全球 38 个国家拥有近百个办事处及超过 12300 名员工。2016 年,爱尔兰生物医药(ICON)的净利润超过 26 亿美元,较 2015 年实现了 9.5%的增长。

企业名称	简介
PPD 医药	PPD 成立于 1985 年,目前业务覆盖近 50 个国家,员工总数超过 19000 名,是在药物发现、功能基因组、组合化学、体内药代动力学等方面提供集成服务的 CRO 之一。PPD 近年来保持着平稳增长的趋势,并与生物技术公司现代医疗(Moderna)签订协议,为后者提供临床试验支持、协调和安全性验证等服务。2014 年,PPD 完成了对三信(X-Chem)公司的收购。

资料来源:公开资料整理

(三)中国市场基本面

1. 中国市场需求

在国内医药市场需求持续增长,医药行业细分趋势加剧,一致性评价标准落地,分级诊疗推进及 CRO 行业全球化趋势进一步加强等因素影响下,我国 CRO 企业大量涌现,通过投入研发资金的方式,吸引海内外高端研发人才等各种方式增强自身服务竞争力,构建了新药研发产业链中不可或缺的重要组成部分,并成为中国 CRO 行业高速发展的驱动力。根据南方所的统计,2011 年至 2015 年,我国 CRO 行业的销售额由 140 亿元迅速上升至 379 亿元,年均复合增长率达到 22%,详见图6-4。

2. 中国 CRO 市场的三大特点

同全球 CRO 行业的发展现状相比,国内 CRO 行业的发展时间仅20 年,属于刚刚起步的阶段,CRO 行业在整个医药行业中的认知程度还比较低。与欧美等医药行业发达地区相比,我国的 CRO 行业在市场

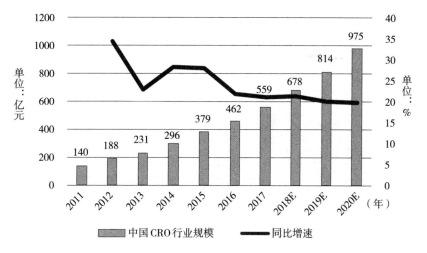

图 6-4　2011—2020 年中国 CRO 行业市场规模

资料来源：南方所

规模、服务内容、服务质量等方面均存在一定差距。现阶段我国的 CRO 市场具有以下特点：

（1）发展迅速。我国 CRO 行业规模从 2011 年的 140 亿元上升至 2015 年的 379 亿元，年均复合增长率达 22%，目前正处于发展的黄金时期。

受益于全球药物研发投入逐年上涨的趋势，如图 6-5 所示，尤其是发展迅速的中国医药行业加大对创新药的研发投入、跨国医药企业提升 CRO 服务外包在其研发结构中的比例，与 CFDA 和药品评审中心（CDE）对药品监管体制的改革这三大因素，我国 CRO 行业在 2008 年至 2017 年迅速发展。

（2）水平差异较大。我国许多 CRO 企业服务内容比较单一，产业结构不合理，未来有向一体化发展、不断拓展产业链上下游领域的

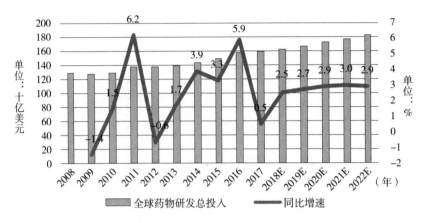

图 6-5　全球药物研发投入增长趋势

资料来源：Evaluate Pharma

趋势。

国外的 CRO 行业发展成熟，企业能够提供全面的研究外包服务，基本上涵盖了从新药研发到市场销售的全过程。我国许多 CRO 企业服务内容比较单一，目前形成一定经营规模的公司，我国的临床试验 CRO 企业的技术服务水平差异较大，主要分为三个层次：

①少数临床试验 CRO 企业包括跨国 CRO 在华公司和泰格医药等本土企业，其临床试验服务能够同时满足 ICH-GCP 和 GCP（药物临床试验质量管理规范）的要求，可以为国内外医药企业提供所需的各类临床试验服务，包括国际多中心试验和创新药 I 至 IV 期试验等。

②部分临床试验 CRO 企业的技术服务水平能够满足我国 GCP 的规范要求，但无法满足要求更为严格的 ICH-GCP，因此其主要业务为国内医药企业的仿制药申请提供 II 至 IV 期临床试验服务。

③部分临床试验 CRO 企业仅能提供简单的注册申报、资料翻译等

服务,无法提供真正意义上的临床试验服务。

(3)业务以仿制药注册临床试验为主,与中国本土医药企业的发展需求现状相吻合。与欧美日等 ICH-GCP 的发起国家和地区相比,中国在药物临床研究领域具有自己的独特性。欧美日等国家的制药工业建立于研发基础之上,产业集中度高,医药企业为数量不多的大型跨国企业,以及新型的中小型研发企业。因此美国 FDA 和欧洲 EMEA 等监管机构对于临床试验的监管工作主要是针对创新药为主,而在我国目前开展的临床研究主要由三部分构成,分别是国际多中心临床试验、进口注册临床试验和国内医药企业注册临床试验。这些试验中占比最多的是国内医药企业注册临床试验,该类试验以仿制药品为主。进口注册临床试验则针对已在国外上市或进行后期研究的药品,数量上要少于国内医药企业注册临床试验。占整体试验最少的是国际多中心临床试验,国际多中心临床试验和创新药的临床研究对 CRO 的能力和要求远高于仿制药的临床研究对 CRO 的能力和要求。

(四)海外并购的思考

1. 并购整合是 CRO 龙头企业发展趋势

并购是促成 CRO 企业做大做强的必经之路。CRO 的核心竞争力在于研发服务能力,即提供优质服务同时服务范围能覆盖整个药品研发流程,拥有"一站式服务"能力的 CRO 企业最受医药企业欢迎。大型跨国 CRO 企业就是通过兼并收购提升行业集中度与扩展多元化研发团队,从而发挥规模经济效应并开拓多元化业务,最终获得领先优势。例如,CRO 龙头企业昆泰(Quintiles)从 1982 年成立到 2016 年收购交易近 50 笔,通过收购多家临床研究公司实现快速布局,营业收入完成十几倍的增长,见图 6-6。

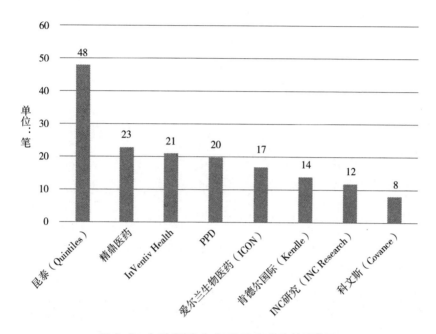

图 6-6　大型 CRO 企业 2016 年前的并购数量

资料来源:CenterWatch

2. 中国 CRO 企业并购的动力

对于国内的 CRO 企业,可以考虑并购海外的 CRO 企业,加强国际多中心临床试验的能力,并承接国际订单,从而提升国际竞争力。如泰格医药,目前已布局美国、韩国、澳大利亚、新加坡、马来西亚、日本、加拿大、印度、瑞士、罗马尼亚、中国台湾和香港地区,拥有 14 家海外子公司。① 代表性 CRO 企业收购见表 6-2。

---

① 泰格医药官网,见 https://www.tigermed.net/article_cat.php? id=78。

并购的目标地域:可考虑发达国家与临床试验成本低的国家,充分利用中国国家药品监督管理局开始承认国际临床试验数据的利好政策。

并购的目标业务:可考虑并购 CRO 产业链上下游各业务、公司缺乏或不足的服务内容业务,提供药品研发流程的一体化解决方案。

表6-2　代表性 CRO 企业收购一览表

公司	收购企业
药明康德	收购爱普泰克(AppTec)、百奇生物、上海津石、杰成医疗、美新诺、美新诺医药科技(XenoBiotic)、明码生物科技(NextCODE)
尚华医药	收购莫尔斯河(Charles River)上海药物研究室
泰格医药	收购 BDM、方达医药、北医仁智、上海晟通、泰州康利华、韩国(DreamCIS)、谋思医药、捷通泰瑞
博济医药	收购 Humphries、格林伯格(Greenberg)、南京禾沃

资料来源:公开资料整理

3. 海外并购案例及分析

2017 年初,药明康德便宣布收购临床前药物研发外包公司 HDB。HDB 是一家提供药物靶标验证、活性化合物识别、先导化学物发现、体内药理学研究等一系列配套的临床前药物研发服务的企业。完成并购后 HDB 成为药明康德集团全资子公司。借助这一次对 HDB 的并购,药明康德进一步增强其从靶标验证到先导化学物发现和优化的药物研发能力,进一步完善和扩大一体化研发服务平台。

2008 年 11 月,泰格医药收购美斯达 50.6% 的股份,获得了美斯达临床试验统计分析和数据管理方面的优质资产,2009 年 10 月收购其49.44% 的股份,拓展了泰格医药主营业务范围,通过整合客户资源扩大了高端客户基础。2015 年 3 月收购方达医药 30.2% 的股份,强化了泰格医药在国际市场上的地位,有效、快速地把产品推向国际市场。2015 年 9 月,收购韩国 DreamCIS 98.1% 的股份,扩展了泰格医药在亚太地区市场的布局,加快了公司国际化的步伐。一系列的海外并购使得公司有能力探索 CRO 一站式服务平台模式,有望带来新的增长点。

二、CMO:产业链整合,CMO 借助海外并购实现腾飞

合同加工外包(CMO,contract manufacture organization)能够帮助医药企业显著降低成本并提高生产效率。由于中国市场拥有比较完备的基础设施、工业种类齐全、原材料供应充足、成本优势、医改政策红利,中国市场的 CMO 业务正在加速发展。从国际市场看,CMO 行业的集中度较低,属于完全竞争行业,我国企业通过跨境并购可以扩大市场份额、吸纳领先技术,有望进入全球第一梯队。

(一)CMO 行业简介

1.定义

CMO 又名药品委托生产,业务模式包括 CMO 企业接受医药企业委托,为药品生产涉及的工艺开发、配方开发提供支持,主要涉及临床用药、中间体制造、原料药生产、制剂生产(如粉剂、针剂)以及包装等定制生产制造服务,按照合同的约定获取委托服务收入。

2.CMO 行业的意义

CMO 能够显著降低医药企业成本,提高生产效率。随着"专利悬

崖"的到来和研发成本的提升加速了大型医药企业部分业务的外包进程,因而CMO行业顺势发展。医药企业通过将药物研发和生产中部分环节向CMO企业外包以达到提升自身经营效率,延长专利期红利,降低运营成本,分散研发风险的目的,使得医药企业自身能够把有限的资源更多地投入到新产品的研发和生产之中。医药企业的利润增长点往往依赖于创新药品的推出和销售,CMO行业的蓬勃发展也间接促进了全球医药行业药品的创新,推动了医疗水平的进步。

3. CMO行业驱动因素

CMO行业高速发展的驱动因素包括需求拉动和技术驱动两方面,如图6-7所示。

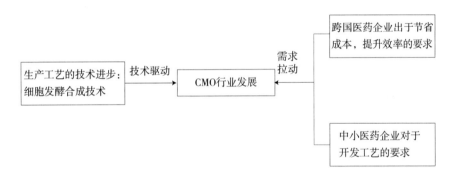

图6-7　CMO行业驱动因素关系图

资料来源:公开资料整理

需求拉动方面,"专利悬崖"的压力和药品降价的趋势是主要作用力,20世纪90年代以后,跨国医药企业为控制上游供应链的成本,对专利即将到期也就是面临"专利悬崖"的药品进行外包生产,实现产能转移。同时,这类产品由于专利即将解禁,其他竞争者即将进入市场的原因往往会呈现出价格走低的趋势,所以进一步降低成本势在必行。

这样一来,企业也有了更多的精力专注于研发、销售等领域,提升企业运作效率。

技术驱动方面,随着中小生物科技公司的发展,CMO 企业开始承担起为其进行工艺开发的责任,合同研发生产组织(CDMO)型企业开始出现,通过开发高效低廉,同时对环境友好的工艺,有力支持中小企业产品的临床试验和商业化使用,简化了中小医药企业的开发流程,降低了开发成本,有助于中小医药企业的发展。随着药品生产工艺的不断发展进步,细胞发酵、合成技术的发展成熟为医药企业大规模外包生产提供了可能性,在技术上去除了药品外包开发的壁垒。

(二)全球市场基本面

1. 全球市场发展势头良好

目前,跨国医药企业的研发支出比例持续提高,但趋势为将内部资源集中于前期研发等具有比较优势的产业链环节,目的是加快药品上市速度。为寻求高效率且低成本的生产方式,医药企业未来仍会向专业的 CMO 企业寻求外部订单支持服务,CMO 行业全球市场规模的增速会有所加快。据南方所统计,CMO 行业全球市场规模从 2011 年的 319 亿美元提升至 2017 年的 628 亿美元,复合增长率保持两位数以上。预计 2018—2020 年的市场规模分别为 705 亿美元、798 亿美元、907 亿美元,增长率分别为 12.2%、13.3%、13.7%,见图 6-8。

2. 全球业务向中印等新兴市场转移

近年来,以中印为代表的 CMO 新兴市场在人才培养、制药工艺研发等方面都取得了长足的进步,特别是中国,已经拥有了比较完备的基

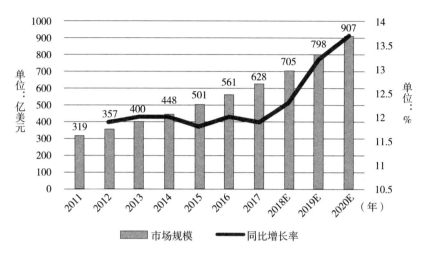

图 6-8　2011—2020 年全球 CMO 行业市场规模

资料来源:南方所

础设施,工业种类齐全,原材料供应充足,再加上不可忽视的经营成本
优势,逐渐成为 CMO 业务的新兴市场。目前,这种全球业务向新兴市
场转移的趋势愈发明显,中印等国的市场份额从 2010 年的 10% 左右提
升至 2017 年超过 15% 的水平。据 Business Insights 分析,这种转移趋
势在未来的一段时间内仍将延续,中印等新兴 CMO 市场会继续保持较
快增速,而作为传统 CMO 主要市场的欧美地区,其市场份额则会相应
下降。

3. 国际行业壁垒状态

CMO 行业早期是成本导向,发展中国家通过原材料低成本的优势
获得订单,现在随着新药结构越来越复杂,以技术为核心的 CDMO 型
企业具备较大的竞争优势,就全球来看,跨国 CMO 企业在品牌、全产业
链和客户关系上仍具备相当大的优势,见表 6-3。

表 6-3　CMO 行业壁垒

排序	行业壁垒	壁垒特征	壁垒高度	量化指标	全球格局	未来发展趋势
1	成本	第三世界国家原材料和环保成本低	★	人均 GDP,人均工资水平,环保许可证价格,土地价格,税收水平,产能规模	中国成本低,但是相对印度和越南等国家优势不存在	走低成本路线的 CMO 发展空间有限
2	技术	在原料药(API)、多肽和生物药等高毛利领域,跨国医药企业具备优势	★★★	高毛利订单比例(API、生物类订单),跨国大医药企业订单比例,国际专利申请数量	欧美处于领先地位,国内企业在慢慢赶上,在化学药的工业合成阶段赶超发达国家	翰宇药业作为多肽 API 企业,合全药业作为小分子化药 CMO 企业具有成为全球细分行业龙头企业的实力
3	品牌和全方位服务	为客户提供全方位的服务,长时间的良好服务记录	★★★★★	前 20 大医药企业在客户中的比例,客户数量,功能单元的数量(API、多肽、高活性 API、抗体、细胞等生产单元)	美国处于第一梯队,日本、欧洲处于第二梯队,中国、印度处于第三梯队	布局新兴的生物药 CMO、高活性 API、细胞和基因工厂,形成全方位布局,是未来发展方向,药明康德三部分业务(合全药业+药明生物+药明巨诺)具备潜力

资料来源:广发证券

4. 国外优质企业情况

CMO 行业全球市场中,主要外国企业参与者有万神殿(Pathcon)、康泰伦特药业(Catalent)、龙沙(Lonza)、勃林格殷格翰和 Jubilant,见图 6-9。

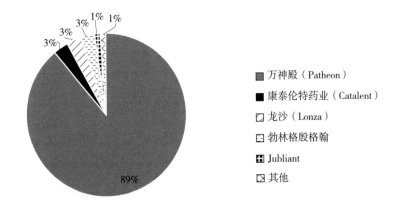

图 6-9 2016 年 CMO 行业主要外国参与者市场份额

资料来源：Business Insights

龙沙（Lonza）作为行业龙头，1969 年进入美国市场。2004 年在美国投资建设了 20000 升动物细胞培养发酵反应器，为医药企业提供外包生产服务完善技术基础。早在 1996 年就开始在广州设立工厂，是最早的一批进入中国市场的 CMO 企业。近年来，随着一系列生物制药产业线并购的完成，公司与赛诺菲、亚力克兄弟（Alexion）等制药巨头合作也得到加强，龙沙（Lonza）已经成为世界 API、学术和政府机构以及生物技术和制药公司的客户外包服务的领先供应商。

万神殿（Patheon）原先是加拿大本土最大的 CMO 企业，2016 年 7 月公司在纽约证券交易所上市。万神殿（Patheon）公司一直通过兼并收购的方式拓宽自身业务范围，通过提供终端对终端的"一站式"综合集成服务，极大地增强了业务承接能力和客户黏性。目前公司的客户群体来自七十多个国家的四百多家制药公司，其中包括全球前 20 大医药公司的绝大多数。目前，公司总共拥有 9100 多名雇员，并且在全球各地拥有 25 个生产研发基地服务各类客户。

康泰伦特药业（Catalent）是美国最大的医药定制研发生产企业，服务范围包括为创新药的临床试验阶段提供药品定制研发生产服务，为药品的商业化阶段提供制剂定制研发生产服务，以及为药品提供包装服务。康泰伦特药业（Catalent）在全球拥有 28 处研发生产服务设施，雇佣超过 9000 名员工，业务覆盖近 100 个国家。

（三）中国市场基本面

1. 中国 CMO 行业规模与增速

CMO 行业的门槛较高，我国进入该细分领域时间较晚。但凭借人才、基础设施和成本结构等各方面竞争优势，在国际大型医药企业的带动和中国鼓励新药研发政策的大环境下，我国 CMO 企业已经成为跨国医药企业的战略供应商，并起到日益重要的的作用。据南方所统计，CMO 行业中国市场规模从 2011 年的 129 亿元提升至 2017 年的 314 亿元，自 2013 年起增长率保持在 15% 以上，如图 6-10 所示。2018—2020 年，我国 CMO 企业仍将受到全球 CMO 行业的增长及区域性转移等因素影响。预计 2018—2020 年的市场规模分别为 370 亿美元、441 亿美元、528 亿美元，增长率分别为 16.3%、17.8%、19.2%。

2. 中国 CMO 市场格局

目前国内 CMO 企业按照技术水平划分主要有三种，一类是研发和技术水平不高的企业，其业务主要是简单的委托加工；第二类企业在此基础上还可以生产出原料药，建立起符合动态药品生产管理规范

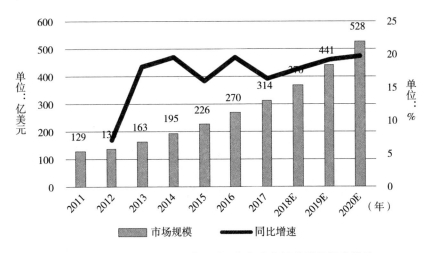

图 6-10　2011—2020 年中国 CMO 行业市场规模及同比增速

资料来源:南方所

（cGMP）质量体系的生产线;而第三种则更进一步,具备了较强的自主创新能力,主要服务于创新药在内的各类重磅药物,其中以合全药业、博腾股份、凯莱英为代表,如图 6-11 所示。另外国内市场一些其他的主要参与者还包括普洛药业、药明生物、九洲药业。

3. 中国 CMO 行业的政策红利

行业多项政策利好也为中国 CMO 企业并购提供了动力。我国自 2016 年开始大力实施的药物优先评审制度,从目前公布的批次来看,其中相当一部分属于海外进口创新药,这大大缩短了海外创新药进入中国市场的平均等待时间,有利于中国 CMO 企业的成长。欧美地区药物研发生产的产业链外包也是促使国内 CMO 企业并购的驱动因素。

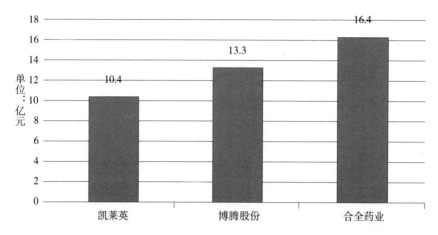

图 6-11　2016 年中国排名前三 CMO 企业的 CMO 业务收入情况

资料来源：Wind

（四）海外并购的思考

1. 并购整合趋势明显，上下游业务相互渗透

并购是促成 CMO 企业提升实力，拓展业务范围的重要方式。近些年来，一些海外大型 CMO 及新兴市场中的龙头 CMO 企业为了增加客户黏性，培养长期战略合作关系，开始向药物开发临床早期阶段进行业务渗透，通过并购整合的方式形成"定制研发+定制生产"的 CDMO 模式：依托自身积累的强大技术创新能力为客户进行临床阶段和商业化阶段的药物工艺开发和生产，并不断进行工艺优化，持续降低成本。与传统 CMO 业务模式相比，CDMO 业务技术创新、项目管理等综合壁垒更高，符合产业未来发展趋势。

而从中国 CMO 行业的现实情况来看，由于整体起步时间较晚，仍属于新兴行业，在提供的服务领域范围上相比海外 CMO 企业存在一定差距。部分成熟海外CMO企业已经可以为客户提供从药物研发、配方开发、临床和商业化阶段规模制造、产品包装等涉及产品生命全周期的"一站式"综合外包服务。相比之下,我国的CMO企业业务则主要集中在创新药的非规范中间体和cGMP中间体研发生产上,部分龙头企业开始开拓下游业务,正有充足的动力进行企业并购。因而中国CMO企业通过海外并购的方式实现业务整合,上下游业务相互渗透不失为一种明智之举。

2. 中国CMO企业并购的动力

首先,全球CMO市场集中度不高,我国可以通过海外并购迅速参与全球竞争。在全球领先的CMO企业中,只有龙沙(Lonza)、万神殿(Patheon)、康泰伦特药业(Catalent)业务收入超过10亿美元,尽管如此,它们所占据的市场份额也仅有3%,说明CMO行业市场集中度较低,市场化程度高。我国CMO企业通过海外并购可迅速扩大企业规模,不断提升市场份额,有机会进入世界CMO行业领先集团。

其次,全球来看,CMO行业领先企业集中于欧美地区,但中国企业上升势头良好,通过海外并购方式吸纳先进技术,或能实现弯道超车。据Business Insights的统计,截至2015年底,全球只有5家CMO企业的业务收入超过5亿美元,均集中在欧美地区和亚洲,主要服务于欧美和日本等发达地区的医药企业及科研单位。从世界范围看,欧美地区的CMO企业历史悠久,生产工艺、设备先进性及管理能力均处于世界领先水平;而中国和印度的CMO企业由于发展时间较短,可以直接采用最先进的生产工艺从事业务,在研发创新方面具备灵活、高效等竞争优势,发展潜力巨大。而海外并购正是获取先进生产工艺的重要方式之一,在短期内能扩大企业规模,更重要的是分享其技术红利。

3. 海外并购案例及分析

博腾股份

博腾股份成立于 2005 年 7 月,是一家按照国际标准为跨国制药公司和生物制药公司提供医药定制研发生产服务的高新技术企业。公司总部位于重庆,在比利时、瑞士、美国、中国香港、四川成都、上海、浙江上虞、江西宜春设有子公司。公司的主要服务内容包括为创新药提供医药中间体的工艺研究开发、质量研究和安全性研究,以及为创新药提供医药中间体的定制生产服务。

博腾股份全资子公司博腾美研(Porton)以 2600 万美元的价格现金收购位于美国新泽西州南普莱恩菲尔德的化学服务公司 J-STAR 100% 股权。目的是为了提高公司的整体研发实力,进一步落地公司一站式创新药定制研发生产平台的战略规划,快速切入创新药 API 定制研发生产业务领域。J-STAR 成立于 1996 年,是一家拥有二十余年医药外包服务经验的合同定制研发企业,主要服务于全球大中型创新药公司,主要客户为美国本土的各种创新药公司。J-STAR 目前拥有四十余名员工,其中博士三十余名,他们分别在化学合成、工艺分析、结晶技术等方面有着丰富的经验。

交易完成后,J-STAR 将由 S 类型公司变更为 C 类型公司。业务上,博腾股份保留 J-STAR 现有品牌,并与博腾美研(Porton)进行整合,以提升博腾美研(Porton)的整体运营效率。博腾股份获得 J-STAR 现有的客户资源、研发设备以及技术人员,J-STAR 将与博腾美研(Porton)形成协同效应,有利于推进博腾美研(Porton)的有效运营,有利于博腾股份快速切入创新药 API 业务领域,进一步提升博腾股份的化学研发技术能力,为公司带来更多的业务机会。

第二节　辅助生殖行业

医疗服务机构是医疗产业链的主体,包括医院、基层医疗卫生机构、专业公共卫生机构和其他机构四类,其中医院包括综合医院、中医医院、中西医结合医院、民族医院、各类专科医院和护理院。由于子领域众多,我们将以专科中的辅助生殖领域为例,分析其市场现状及跨境并购趋势。

辅助生殖行业产业链上游主要是辅助生殖药品、器械耗材等,中游包括辅助生殖药品及耗材的代理商和配送商等,下游主要是辅助生殖中心及医院,包括公立和民营、专科和综合医院等。尽管我国辅助生殖行业起步较晚,但技术水平发展迅速,已基本与国际接轨。从供需角度来看,中国的辅助生殖市场的需求正在不断扩大,目前处于供给严重不足的阶段,跨境并购可以为中国市场和企业提供上游的新药和下游的品牌技术。

一、辅助生殖行业简介

(一)定义与技术分类

辅助生殖技术(ART)是指采用医疗辅助手段治疗不孕不育的技

术,根据技术先进程度不同主要分为人工授精（IUI）、配子移植、体外
受精—胚胎移植及其他衍生技术,如图6-12所示。

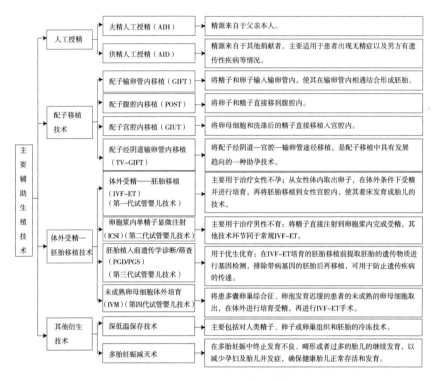

图 6-12　主要生殖技术分类

资料来源:求医网、申万宏源

1. 人工授精技术

人工授精根据精源不同主要分为夫精人工授精（AIH、精源来自父
亲本人）和供精人工受精（AID、精源来自捐献者）。

2. 配子移植技术

配子指精子和卵子,移植技术是指将受精卵于配子期移植入女性
体内的技术,根据配子移植途径和部位的不同,配子移植技术主要分为

配子输卵管内移植（GIFT）、配子腹腔内移植（POST）、配子宫腔内移植（GIUT）、配子经阴道输卵管内移植（TV-GIFT）。

3. 体外受精-胚胎移植技术

体外受精-胚胎移植技术（IVF-ET）是指从女性体内取出卵子,在体外条件下受精并进行培育,再将胚胎移植到女性宫腔内,使其着床发育成胎儿的技术,又通常称为"试管婴儿"技术。通常将 IVF-ET 技术作为第一代试管婴儿技术,第二代为卵胞浆内单精子显微注射（ICSI）,即将精子直接注射到卵胞浆内完成受精,主要用于治疗男性不育。第三代试管婴儿技术是胚胎植入前遗传学诊断筛查（PGD/PGS）,指在 IVF-ET 培育的胚胎移植前提取胚胎的遗传物质进行基因检测,排除带病基因的胚胎后再移植,可用于防止遗传病的传递。第四代技术是未成熟卵母细胞体外培育（IVM）,将患多囊卵巢综合征、卵泡发育迟缓的患者的未成熟卵母细胞取出,在体外进行培育受精,再进行 IVF-ET 手术。

4. 其他衍生技术

深低温保存技术:主要包括对人类精子、卵子或卵巢组织和胚胎的冷冻技术,可将患者多余胚胎保存,降低 VIF-ET 手术费用。

多胎妊娠减灭术:在多胎妊娠中终止发育不良、畸形或者过多的胎儿继续发育,以减少孕妇及胎儿并发症,确保健康胎儿正常存活和发育。

（二）成功率指标

根据 *Reproductive Biology and Endocrinology* 杂志 2015 年发布的八

国生殖专家的调研①,目前辅助生殖技术作为治疗不孕不育的主要手段,在欧美地区应用比例已达 70%—90%(IUI+ART),其中以西班牙(91%)、意大利(78%)、法国(74%)、美国(72%)、英国(70%)、德国(68%)等欧美发达国家应用比率为最高,亚洲国家日本(54%)、中国(52%)应用率相对较低,尚有较大发展空间,如表 6-4 所示。

表 6-4　采用不同治疗手段的生殖专家百分比

治疗手段	法国	德国	意大利	西班牙	英国	美国	中国	日本
n:接受调研的专家数量	n=29	n=33	n=23	n=38	n=34	n=91	n=50	n=65
宫内人工授精(IUI)/诱导排卵(OI)(%)	27	19	22	16	11	35	14	27
ART(%)	47	49	56	75	59	37	38	27
克罗米酚(%)	6	13	7	2	10	14	22	23
观察等待(%)	10	7	9	4	12	4	15	14
外科手术(%)	9	9	5	3	7	8	9	4
其他(%)	1	3	0	0	1	2	2	4

资料来源:*Reproductive Biology and Endocrinology*

　　另外,辅助生殖技术在不同年龄层的女性中的应用率有较大差异,根据上述八国调研,在大部分国家,35—39 岁女性使用辅助生殖技术的比例最大,如图 6-13 所示。

　　同时,就辅助生殖的结果来看,主要有三种指标衡量成功率:胚胎

---

　　① C. Audibert, D. Glass," A Global Perspective on Assisted Reproductive Technology Fertility Treatment:an 8-Country Fertility Specialist Survey",*Reproductive Biology and Endoerinology*,Vol 13,No.1(2015),pp.1-13.

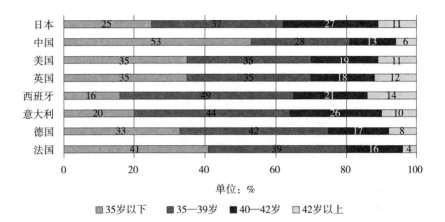

图 6-13　不同国家各年龄段辅助生殖技术使用情况

资料来源：*Reproductive Biology and Endocrinology*

种植率（着床胚胎数/正常胚胎移植数）、妊娠率（妊娠周期数/所有移植周期数）、活产率（活婴出生数/正常胚胎移植数）。八国的调研结果显示，辅助生殖的成功率均随着女性年龄的增加而逐步降低。（1）胚胎种植率：35 岁以下人群的平均种植率为 85%，42 岁以上人群的平均种植率为 51%，中国在各个年龄层的种植率都位居八国之首，如图 6-14 所示。（2）妊娠率：35 岁以下人群平均妊娠率为 43%，美国居该年龄层妊娠率第一（54%）；42 岁以上人群平均妊娠率为 14%，西班牙居该年龄层妊娠率第一（26%），如图 6-15 所示。（3）活产率：35 岁以下人群平均活产率为 37%，美国居该年龄层活产率第一（48%）；42 岁以上人群平均活产率为 10%，中国居该年龄层活产率第一（21%），如图 6-16 所示。

在各国专家期待发展的技术中，排名前三的是：（1）通过成像或代谢组学来改善胚胎的选择；（2）提升胚胎植入前遗传学诊断（PGD）的使用率;(3)提升胚胎种植率。

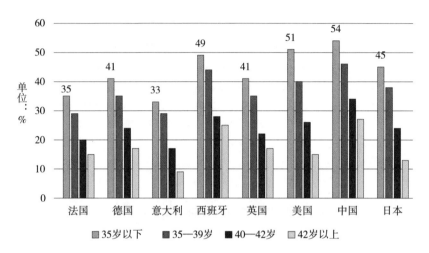

图 6-14　各国胚胎种植率(按年龄划分)

资料来源:*Reproductive Biology and Endocrinology*

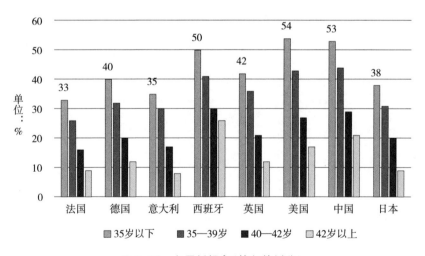

图 6-15　各国妊娠率(按年龄划分)

资料来源:*Reproductive Biology and Endocrinology*

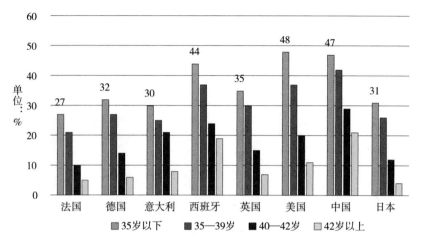

图 6-16　各国婴儿活产率（按年龄划分）

资料来源：*Reproductive Biology and Endocrinology*

二、全球市场基本面

现代辅助生殖技术至今已有六十多年历史，1953 年伯奇（R.G. Bunge）和谢尔曼（J.K.Sherman）首次成功使用冷冻精液实现人工授精。20 世纪 70 年代，美、英、法、印等国家先后建立人类精子库。1978 年英国诞生了人类最早的试管婴儿，1980 年、1981 年澳大利亚、美国等国家的试管婴儿也陆续诞生。全球辅助生殖行业发展迅速，以试管婴儿技术为例，1990 年全球仅 9.5 万例，2016 年全球试管婴儿为 700 万例，年均复合增速超过 17%，见图 6-17。

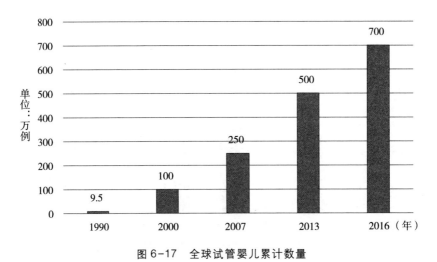

图 6-17　全球试管婴儿累计数量

资料来源：国际辅助生育技术监控委员会

三、中国市场基本面

（一）中国辅助生殖市场供需失衡，千亿市场空间蓄势待发

中国的辅助生殖行业与国外相比发展晚二十多年，1981 年首次在湖南医科大学建立了内地第一个人类精子库，1983 年首例人工授精婴儿在长沙诞生，1988 年内地第一例试管婴儿在北京医科大学第三医院诞生。

尽管我国辅助生殖行业起步较晚，但技术水平发展迅速，已基本与国际接轨。从供需角度来看，目前中国的辅助生殖市场存在需求不断扩大，出现供给严重不足的情况。

我国目前辅助生殖行业的需求端存在以下三个特征：（1）全面二孩政策带来育龄人群数量与生育意愿提升：全面二孩政策放开，叠加第三次婴儿潮出生的人口(1986—1990年生人)即将迎来最佳婚育期,育龄妇女群体扩大。另外,根据南开大学人口与发展研究所估计,35岁以上且已育有一孩的育龄妇女人数达约6000万,因此该部分人群未来3—5年内会形成一个小的二孩生育高峰。(2)我国不孕不育发病率逐年提高,根据中国人口协会、国家卫生健康委员会发布的数据显示,中国育龄夫妇的不孕不育率从20年前的2.5%—3%攀升到2012年的12%—15%左右,也就是每八对夫妻就有一对不孕不育,目前中国不孕不育患者人数已经超过5000万,2013年至2020年间不孕不育患者数年复合增速预计约为10%,不孕不育患者保守估计将超过6400万。目前我国的不孕不育患者中,女性占50%,男性占40%,夫妇双方共同原因占10%,如图6-18所示。(3)高危高龄产妇数量增多,需要依靠更为先进的辅助生殖技术:我国孕产妇中高危产妇比重一直在提升,2014年已经达到了20.7%,即每五个产妇中就有一个是高危产妇。

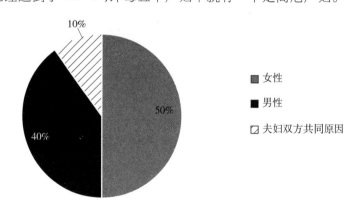

图6-18　我国不孕不育人群分布

资料来源:中国人口协会

　　针对日益扩大的辅助生殖需求市场,供给存在较为严重的不足。

2015 年我国辅助生殖技术的应用率为 52%，与欧美国家（70%—90%）相比较低。根据国家卫生健康委员会数据以及前瞻产业研究院发布的《2017—2022 年中国辅助生殖行业市场前景预测与投资战略规划分析报告》的数据显示，截至 2016 年底，中国经批准开展人类辅助生殖技术和设置人类精子库的医疗机构达到 451 家，其中 327 家获得试管婴儿牌照，有 23 家设置人类精子库，2016 年完成约 106 万个周期的辅助生殖治疗。公开资料显示，采用试管婴儿的比例和人工授精的比例约为 2：1，即我国 2016 年约完成 70 万个周期的试管婴儿和 36 万个周期的人工授精。但与我国不孕不育患者数相比，这 106 万个周期显然是远远不够的，市场仍存在巨大缺口。

我国 2016 年约完成 70 万个周期的试管婴儿和 36 万个周期的人工授精，根据试管婴儿平均需要两个周期，每个周期治疗费用 30000元，平均诊断药物费用 13000 元；人工授精平均需要三个周期，每个周期治疗费用 5000 元，诊断费用 2000 元来测算，目前我国辅助生殖市场规模约为 275 亿元（人工授精 20 亿元，试管婴儿 255 亿元），我国目前不孕不育患者保守估计有 5000 万，临床数据显示，不孕不育患者中至少有 15%需要采取辅助生殖手段才能实现生育，按照这个比例及前面列出所需费用，我国辅助生殖市场潜在规模将达到 1966 亿元（人工授精 141 亿元，试管婴儿 1825 亿元），成为全球辅助生殖最大市场。

（二）辅助生殖产业链技术壁垒较高，上游关注进口替代，下游关注民营资本介入辅助生殖医疗服务

辅助生殖产业链相对技术壁垒较高，同时监管趋严，进入门槛相对较高,对现有竞争者有一定的保护作用。产业链上游主要是辅助生殖药品、器械耗材等,同时包括胚胎植入前遗传学诊断(PGD),即在 IVF-ET 培育的胚胎移植前提取胚胎的遗传物质进行基因检测。中游包括辅助生殖药品及耗材的代理商和配送商等,下游主要是辅助生殖中心及医院,包括公立和民营、专科和综合医院等,见图 6-19。

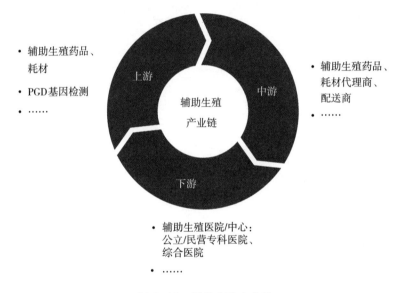

图 6-19　辅助生殖产业链

资料来源:根据公开资料整理

　　产业链上游的辅助生殖药品主要用于人工授精和体外受精—胚胎移植技术(IVF-ET)即试管婴儿技术中,以女性用药为主。根据促排卵及辅助生殖治疗原理辅助生殖药品主要分为四大类药物:降调节药物(暂时降低生殖激素的自然生成,更好地控制刺激周期,有助于预防早熟排卵,主要是促性腺激素释放激素 GnRH)、促排卵药物(促进卵泡的生长和发育,主要是促性腺激素)、诱发排卵药物(可促进卵泡生成成

熟,模拟生理性的促黄体生成素的高峰而促发排卵)、黄体支持药物
(使子宫内膜为胚胎着床做好准备,主要是雌激素和黄体酮),见表
6-5。

表 6-5　主流辅助生殖药品市场规模及竞争格局

类别	药品通用名	适应症	2017 年一至三季度样本医院销售额(百万元)	2017 年一至三季度竞争格局
降调节药物	醋酸曲普瑞林	GnRH 激动剂,在用药初期对垂体有短促的激发作用	327.9	易普森（Ipsen）(61%)、辉凌制药(Ferring)(34%)、金赛药业(1%)
	醋酸西曲瑞克	GnRH 拮抗剂,可立即产生抑制效应	53.9	爱斯达(100%)
促排卵药物(促性腺激素)	枸橼酸氯米芬	促进黄体生成激素与促卵泡生成激素的分泌增加,激发排卵前促性腺激素的释放达到峰值	2.1	高特特药（Codal Synto）(92%)、衡山药业(5%)、康和药业(3%)
	重组人促卵泡素	刺激多卵泡发育	419.0	默克(97%)、金赛药业(3%)
	尿促卵泡素(FSH)	促卵泡发育和成熟	177.8	丽珠集团(100%)
	重组人促黄体激素(LH)	诱发排卵(促进卵子成熟),支持黄体(启动黄体形成并支持黄体)	26.4	默克(100%)
	注射用尿促性素(HMG)	与绒促性素合用,促卵泡发育	96.7	丽珠集团(59%)、辉凌制药（Ferring）(32%)、丰原制药(5%)
诱发排卵药物	绒促性素(HCG)	与促卵泡生成和成熟,早孕期间维持黄体,直至胎盘可完全分泌孕酮和雌激素	45	默克(51%)、丽珠集团(40%)、丰原制药(5%)

续表

类别	药品通用名	适应症	2017 年一至三季度样本医院销售额(百万元)	2017 年一至三季度竞争格局
黄体支持药物	黄体酮	使子宫内膜为胚胎着床做好准备	262.2	佛里特实验 (Fleet Lab) (53%)、仙琚制药(15%)、爱生药业(9%)、浙江医药(4%)
	地屈孕酮	治疗内源性孕酮不足,使子宫内膜为胚胎着床做好准备	200.1	索尔维(100%)

资料来源:蒲荷孕育、PDB

　　根据四类主流辅助生殖用药的竞争格局可以看出在市场销售规模较大的几类药品中进口药品占据主流地位,但是随着国内辅助生殖药品市场的不断发展,丽珠集团、仙琚制药等公司的国产药品在促排卵药物、诱发排卵药物、黄体支持药物等刚性用药领域的市场地位不断提升。随着国产辅助生殖药品的不断发展,对进口药品的替代将不断加深,尤其是在重组人促卵泡素、绒促性素、黄体酮等较为刚性且价格相对较高的用药领域,预计有更多国产药品陆续获批,进口替代空间较大。

　　产业链的中游主要是辅助生殖药品及耗材的配送商等,与其他品类的医药流通商差别不大。产业链的下游,即直接面对患者的辅助生殖机构是未来辅助生殖领域一大价值投资洼地。根据国家卫生健康委员会统计,截至 2016 年底,国内共有 451 家持有辅助生殖牌照的医疗机构,其中广东省机构数量最多,有 56 家,主要与其区域生育文化相关(偏好男孩、流动人口较多等),如图 6-20 所示。从区域角度来看,华东、华北、华南等经济发展水平较高的地区机构数量占比较高,也与这些区域人口较为集中有关,如图6-21所示。

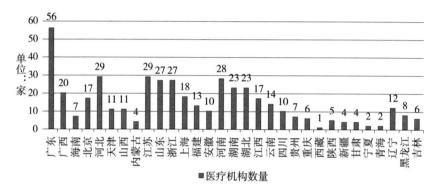

图6-20　2016年我国各省、市、自治区辅助生殖机构数量

资料来源:国家卫生和计划生育委员会

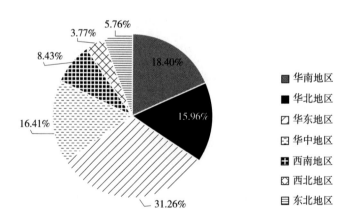

图6-21　2017年我国各地区辅助生殖机构分布

资料来源:国家卫生和计划生育委员会

（三）中国市场竞争格局

根据中国试管婴儿网的数据,按照试管婴儿手术周期数排名,中

信湘雅生殖与遗传专科医院和爱维艾夫医疗集团是 2017 年前十大辅助生殖医疗机构中仅有的两家民营机构，IVF 手术量分列第一、第三位，如图 6-22 所示。其中中信湘雅生殖与遗传专科医院是原中南大学湘雅医学院不孕与遗传专科医院和中信银行、卢光琇教授（中国生殖工程的创始人之一）团队合作共建的民营专科医院；而爱维艾夫医疗集团创始人张丽珠教授被誉为"神州试管婴儿之母"。

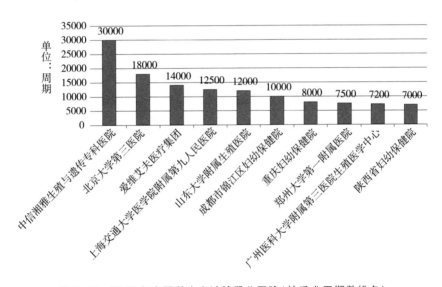

图 6-22 2017 年全国前十大试管婴儿医院（按手术周期数排名）

资料来源：中国试管婴儿网

目前辅助生殖机构仍以公立医院为主导，主要由于公立医院医疗资源和人才较多，同时国内对辅助生殖牌照进行严格管控，因此在推广初期主要集中于公立医院。如今整体医疗服务行业的大趋势在向社会办医逐步倾斜，通过大力引入民营资本解决医疗资源供需失衡、区域性失衡等问题,尤其是专科治疗领域具有快速复制和快速积累资金、技术、人才、品牌等优势,因此更有利于民营资本介入。随着辅助生殖行业的进一步发展,这一细分专科领域有望成为社会办医的价值投资洼地。

四、海外并购的思考

(一)辅助生殖机构进行跨境并购的动力

看好民营资本借助国外优质辅助生殖资源进行弯道超车,无论是通过技术合作还是合资共建等方式,都可以加速在辅助生殖治疗领域的布局,见表6-6。

表6-6 民营资本介入辅助生殖医疗服务四条路径

介入方式	介入方式细分	可进入性	前期投资	所有权	风险	实例	看好方向
新建	新建单体医院	较长审批与建设流程	较大	产权清晰,归投资方	较高,需要衡量盈利周期	北京家恩德运医院	民营辅助生殖专科连锁
	新建连锁专科					爱维艾夫	
收购	部分收购	较快进入	中等	产权清晰,按股权划分	中等	复星医药间接收购和睦家医疗;部分收购深圳恒生医院	具有资源整合能力和医院管理经验的公司
	全资收购		较大	产权清晰,归收购方			

续表

介入方式	介入方式细分	可进入性	前期投资	所有权	风险	实例	看好方向
介入公立医院	与公立医院技术合作	与政府和医院关系较为重要	较大	产权清晰,归投资方	较低	河北生殖妇产医院汇集两家公立医院专家资源	初期:与公立医院合作共建(尤其是产学研结合方式);中后期:公立医院改制并收购
	与公立医院合资共建	与政府和医院关系较为重要	中等	产权清晰,按股权划分	中等	中信湘雅生殖与遗传专科医院通过产学研方式与公立医院共建专科医院	
	公立医院转制并收购	与当地政府改制医院及与政府关系至关重要	中等(部分收购)/较大(全部收购)	归收购方,但受政府政策影响	中等		
	科室托管	较快进入	较小	无产权	较低		
引入国外资源	技术合作	弯道超车、较快进入	较大	产权清晰,归投资方	较低	爱维艾夫与斯坦福大学合作建立 PGS 中心	借助国外资源进行弯道超车
	部分/直接收购		中等(部分收购)/较大(全部收购)	产权清晰,按股权划分	中等	艾维艾夫收购迈阿密 Advanced	
	合资共建		中等	产权清晰,按股权划分	中等	通策医疗与英国波恩公司合资成立生殖技术管理公司	

资料来源:公司公告、国家卫生健康委员会

（二）海外并购考虑的方向

在辅助生殖上游领域,可以在促排卵药物、诱发排卵药物、黄体支持药物等刚性用药领域收购海外的仿制药或生产企业;同时也可以购买原研药的国内独家代理权、国外注册批件及相关技术资料等;对于在研新药可以购买其在国内独家技术使用、临床开发和商业化许可。

在辅助生殖下游领域,可以和国外辅生机构和团队进行技术合作。一方面,通过技术和知识产权共享打通国内外资源整合,然后以技术合作为契机收购海外知名辅助生殖机构或专家团队,引进国外先进辅助生殖专家人才和技术,主要用于国内辅助生殖医疗的建设,开发海外渠道,提升自身核心竞争力的同时为进军海外市场做好铺垫;另一方面,可以引入国外优质辅助生殖技术和品牌,比如与国外辅助生殖机构合资设立国内辅助生殖中心/医院。典型案例比如通策医疗与英国波恩公司(全球首家体外受精试管婴儿治疗中心)合作,借助波恩品牌及英国波恩公司的先进技术,打造国内辅助生殖标杆医院。

（三）海外并购案例分析

2012年11月,通策医疗与英国波恩公司合资成立杭州波恩生殖技术管理有限公司,通策医疗出资100万美元现金,占合资企业股份的70%,英国波恩公司以技术和管理服务入股,占合资企业股份的30%。2013年5月,杭州波恩正式成立。2017年10月,通策医疗与英国波恩公司续签合作协议,并约定以后除特殊情况外,合作协议自动续签。双方以杭州波恩为合作业务载体,通策医疗为杭州波恩提供财力、行政、经营场所和经营所需物资及设施等方面支持,英国波恩公司为杭州波恩提供品牌、技术、管理和外籍专家等。另一方面,通策医疗与昆明市妇幼保健院共建了昆明市妇幼保健院波恩生殖医学中心,杭州波恩为其提供管理、培训和监管服务。

英国波恩公司由全球第一例试管婴儿创造者、2010 年诺贝尔生理学或医学奖获得者罗伯特·爱德华兹(Robert Edwards)于 1980 年创立。它是全球首家体外受精试管婴儿治疗中心,在英国本土有六家生殖中心,近年来开始布局国际业务。英国波恩公司的技术主要为第一代及第二代试管婴儿技术,技术的关键在于胚胎的体外培养,而这正是英国波恩公司的强项。目前,英国波恩公司主要实施第五天胚胎单胚移植(单囊胚移植),此项技术能够加大试管婴儿的成功率、减少并发症并降低多胎妊娠的可能性,相比于移植 D3 胚胎(将受精卵在体外培养三天,发育成 8 细胞状态时移回子宫)能显著提高成功率。以 2017年英国波恩公司剑桥门诊部 IVF 为例,37 岁及以前年龄层患者的 5 天单胚胎移植的成功率为 50%,38 岁及以上患者的成功率为 34.7%,处于行业领先水平。

通策医疗在此次合作中受益颇多。首先是获得 IVF 行业最核心的资源,即技术和人才,配合通策医疗之前和妇幼医院合作所取得的生殖中心运营资质,使得通策医疗得以进军辅助生殖这一细分市场;其次,分散了公司的经营风险,通策医疗自 2006 年转型至医疗服务领域,主营业务收入来自口腔业务,在做好做实口腔业务的基础上,发展 IVF 业务可以拓宽公司的经营领域并增加公司的业绩;再次,通过与英国波恩公司合作可提升公司的知名度和美誉度,由于辅助生殖具有费用高、风险大的特点,选择辅助生殖的客户对品牌往往有很强的认可度,英国波恩公司的品牌能够帮助通策医疗这样的行业新进者打开市场,积累初始口碑。

通策医疗为今后的发展做了一系列的规划。首先,通策医疗计划通过产学研密切联系,为将来的扩张提前培养人才,例如与杭州医学院等机构密切合作,打造产学研深度合作平台,并加强医疗学术资源的积累及人才队伍的建设培养。其次,通策医疗将做实做好现有生殖中心,打造合作样板,从而与更多公立医院在该领域达成合作,通策医疗目前正在投入建设舟山波恩生殖中心,可以充分利用昆明市妇幼保健院波恩生殖医学中心的经验。再次,通策医疗将不断探索新的增长点,在继续经营牙科业务的同时,从辅助生殖领域扩展进入妇幼医疗服务领域。总体而言,这三方面的规划将有利于完善和发展通策医疗的医疗服务水平,为通策医疗带来新的增长点。

公司名称索引

公司简称	公司全称
恒瑞医药	江苏恒瑞医药股份有限公司
中国生物制药	中国生物制药有限公司
复星医药	上海复星医药(集团)股份有限公司
石药集团	石家庄制药集团有限公司
贝达药业	贝达药业股份有限公司
科伦药业	四川科伦药业股份有限公司
华东医药	华东医药股份有限公司
康弘药业	成都康弘药业集团有限公司
正大天晴	正大天晴药业集团股份有限公司
强生	Johnson & Johnson
因赛特(Incyte)	Incyte Corporation
信达生物	信达生物制药(苏州)有限公司
礼来	Eli Lilly and Company
康方生物	中山康方生物医药有限公司
默沙东	Merck & Co., Inc.
迈兰	Mylan N.V.

梯瓦	Teva Pharmaceutical Industries Ltd
太阳药业	Sun Pharmaceutical Industries Ltd
奥贝泰克（Apotex）	Apotex Inc.
华生制药	Watson Pharmaceuticals
古董制药（Vintage）	Vintage Pharmaceuticals Inc
瑞迪博士	Dr.Reddy's Labaratories Ltd
巴尔（Barr）	Barr Pharmaceuticals Inc
塔罗（Taro）	Taro Pharmaceuticals Industries Ltd
华海药业	浙江华海药业股份有限公司
海正药业	浙江海正药业股份有限公司
兰伯西	Ranbaxy Labaratories Ltd
齐鲁制药	齐鲁制药有限公司
皇家 DSM	Royal Gist Brocades
武田药品	Takeda Pharmaceutical Company Ltd
山之内	Astellas Pharma Inc
赛瑞克斯（Syrrx）	Syrrx Inc
模范制药（Paradigm）	Paradigm Pharma（Thailand）Co.，Ltd.
千禧制药	Millennium Pharmaceuticals Inc
奈科明	Nycomed International Management GmbH
多元实验室（Multilab）	MultilabIndústria e Comércio de Produtos Farmacêuticos
阿斯利康	AstraZeneca Plc
阿瑞雅德	ARIAD Pharmaceuticals，Inc
Ti 基因制药	TiGenix NV
鲁平	LupinpharamceuticalsInc
西普拉	Cipla Limited
BMS	百时美施贵宝 Bristol-Myers Squibb Company
Meridian	顶点医疗 Meridian Healthcare（UK）Limited
Betapharm	贝塔药业 BetapharmArzneimittel GmbH
百康（Biocon）	Biocon Limited

诺贝克斯（Nobex）	Nobex Corporation
葛兰素史克	GlaxoSmithKline PLC
格兰德（Gland）	Gland Pharma Limited
三胞集团	三胞集团有限公司
丹德里昂（Dendreon）	Dendreon Pharmaceuticals
绿叶集团	绿叶制药集团有限公司
澳大利亚 HCA	Healthe Care Australia Pty Limited
HCA（美国医院集团）	Hospital Corporation of America
人福医药	人福医药集团股份公司
史诗制药（Epic）	Epic Pharma LLC
埃斯皮里托（Espirito）	Espirito Santo Saude SGPS, SA
SPL 医药	SPL Acquisition Corp
三诺生物	三诺生物传感股份有限公司
尼普洛	NIPRO Pharma Co Ltd
阿西诺（Acino）	AcinoInternaional AG
上海医药	上海医药集团股份有限公司
维他扣（Vitaco）	Vitaco Health Ltd
飞顿医疗激光	Alma Lasers Ltd
海普瑞	深圳市海普瑞药业股份有限公司
塞湾生物	Cytovance Biologics Inc
万润股份	中节能万润股份有限公司
MP 生物医药	MP Biomedicals
江河创建	江河创建集团股份有限公司
视眼医疗（Vision Eye）	Vision Eye Institute
迈瑞医疗	深圳迈瑞生物医疗电子股份有限公司
佐耐尔（Zonare）	Zonare Medical Systems
波利默	Polymer Technology Systems, Inc.
和邦生物	四川和邦生物科技股份有限公司
斯托克顿	Stockton Group Ltd
娜塔莉医疗（Natali）	Natali Healthcare Solutions

君实生物	上海君实生物医药科技股份有限公司
诺斯兰德	北京诺思兰德生物技术股份有限公司
三生制药	沈阳三生制药有限责任公司
新华医疗	山东新华医疗器械股份有限公司
万东医疗	北京万东医疗科技股份有限公司
鱼跃医疗	江苏鱼跃医疗设备股份有限公司
威高集团	威高集团有限公司
微创医疗	上海微创医疗器械(集团)有限公司
乐普医疗	乐普(北京)医疗器械股份有限公司
新和成	浙江新和成股份有限公司
东北制药	东北制药集团股份有限公司
华北制药	华北制药股份有限公司
金达威	厦门金达威集团股份有限公司
药明康德	无锡药明康德新药开发股份有限公司
睿智化学	上海睿智化学研究有限公司
泰格医药	杭州泰格医药科技股份有限公司
凯莱英	凯莱英医药集团(天津)股份有限公司
博腾股份	重庆博腾制药科技股份有限公司
合全药业	上海合全药业股份有限公司
国药控股	国药控股有限公司
上药集团	上海医药集团股份有限公司
广药集团	广州医药集团有限公司
九州通	九州通医药集团股份有限公司
华润医药	华润医药商业集团有限公司
凤凰医疗	北京凤凰联合医院管理咨询有限公司
爱尔眼科	爱尔眼科医院集团股份有限公司
通策医疗	通策医疗投资股份有限公司
泰和诚	泰和诚医疗集团有限公司
金域	广州金域医学检验集团股份有限公司
迪安	杭州迪安控股有限公司

艾迪康	杭州艾迪康医学检验中心有限公司
创业软件	创业软件股份有限公司
零氪科技	零氪科技(北京)有限公司
医渡云	医渡云(北京)技术有限公司
达安基因	中山大学达安基因股份有限公司
海王星辰	中国海王星辰连锁药店有限公司
老百姓大药房	老百姓大药房连锁股份有限公司
阿里健康	阿里健康科技(中国)有限公司
京东	北京京东世纪贸易有限公司
好药师	好药师大药房连锁有限公司
艾伯维	Abbvie Pharamceuticals
卫材	Eisai Co Ltd
安进	Amgen Inc.
辉瑞	Pfizer Inc
田边三菱制药	Mitsubishi Tanabe Pharma Corporation
新基	Celgene Corporation
罗氏	F. Hoffmann-La Roche AG
小野制药	Ono Pharmaceuticals co ltd
阿尔米拉利(Almirall)	Almirall, S.A.
大熊制药	Daewoong Pharmaceuticals Co Ltd
合生元	广州市合生元生物制品有限公司
拜耳	Bayer AG
参天	Santen Pharmaceuticals Co Ltd
微芯生物	深圳微芯生物科技有限责任公司
信立泰	深圳信立泰药业股份有限公司
丽珠集团	丽珠医药集团股份有限公司
再鼎医药	再鼎医药(上海)有限公司
百济神州	百济神州(北京)生物科技有限公司
天境生物	天境生物科技(上海)有限公司
歌礼生物	歌礼生物科技(杭州)有限公司

前沿生物	前沿生物药业(南京)股份有限公司
瑞博生物	苏州瑞博生物技术有限公司
长风药业	长风药业股份有限公司
诺华	Novartis International AG
赛诺菲	Sanofi S.A.
天士力	天士力医药集团股份有限公司
现代制药	上海现代制药股份有限公司
康缘药业	江苏康缘药业股份有限公司
梅地维尔(Medivir)	Medivir AB
普雷西迪奥(Presidio)	Presidio Components
杨森制药	西安杨森制药有限公司
昂科利(Oncolys)	OncolysBioPharma Inc.
特萨罗(Tesaro)	TesaroInc
韩美制药	韩美药品株式会社
索元生物	索元生物医药(杭州)有限公司
凯特药业(Kite Pharma)	Kite Pharma, Inc
TG 医疗	TG Therapeutics, Inc.
阿特维斯	Actavis Genetrics Plc
阿斯彭(Aspen)	Aspen Pharmacare Holdings Limited
赫升瑞	Hospira Inc.
费森尤斯	Fresenius SE & Co. KGaA
山德士	Sandoz Pharmaceuticals (Sandoz AG)
西门子	Siemens AG
通用电气	General Electric Company
日立	Hitachi, Ltd
东芝	Toshiba Corporation
飞利浦	Koninklijke Philips N.V.
联影医疗	上海联影医疗科技有限公司
开立医疗	深圳开立生物医疗科技股份有限公司
东软医疗	东软医疗系统有限公司

理邦仪器	深圳市理邦精密仪器股份有限公司
宏达高科	宏达高科控股股份有限公司
雅培	Abbott Laboratories
生物梅里埃	BioMérieux
丹纳赫	Danaher Corporation
希森美康	Sysmex Corporation
碧迪医疗	Becton，Dickinson and Company
生命技术公司	Life Technologies Corporation
赛默飞世尔	Thermo Fisher Scientific
利德曼	北京利德曼生化股份有限公司
迈克生物	迈克生物股份有限公司
美康生物	美康生物科技股份有限公司
科华生物	上海科华生物工程股份有限公司
万孚生物	广州万孚生物技术股份有限公司
凯普生物	广东凯普生物科技股份有限公司
博晖创新	北京博晖创新生物技术股份有限公司
透景生命	上海透景生命科技股份有限公司
基蛋生物	基蛋生物科技股份有限公司
美敦力	Medtronic Plc
康辉	常州市康辉医疗器械有限公司
贝朗医疗	B.BRAUN Medical Inc
波士顿科学	Boston Scientific Corporation
史赛克	Stryker Corporation
创生医疗	创生医疗器械(中国)有限公司
凯利泰	上海凯利泰医疗科技股份有限公司
大博医疗	大博医疗科技股份有限公司
冠昊生物	冠昊生物科技股份有限公司
春立医疗	北京市春立正达医疗器械股份有限公司
先健科技	先健科技(深圳)有合公司
爱康医疗	北京爱康宜诚医疗器材有限公司

飞利浦金科威	飞利浦金科威(深圳)实业有限公司
宝莱特	广东宝莱特医用科技股份有限公司
谊安医疗	北京谊安医疗系统股份有限公司
航天长峰	北京航天长峰股份有限公司
塞纳(Cerner)	Cerner Corporation
东华	东华医疗集团
卫宁健康	卫宁健康科技集团股份有限公司
万达信息	万达信息股份有限公司
尚荣医疗	深圳市尚荣医疗股份有限公司
柯惠医疗	Coviden Ltd
百特医疗	上海百特医疗用品有限公司
阳普医疗	广州阳普医疗科技股份有限公司
千山药机	湖南千山制药机械股份有限公司
南卫股份	江苏南方卫材医药股份有限公司
康德莱	上海康德莱企业发展集团股份有限公司
英科医疗	山东英科医疗用品股份有限公司
新产业生物	深圳市新产业生物医学工程股份有限公司
安图生物	郑州安图绿科生物工程有限公司
华科生物	上海华科生物股份有限公司
九强生物	北京九强生物技术股份有限公司
中生北控	中生北控生物科技股份有限公司
北京怡成	北京怡成生物电子技术股份有限公司
江苏英诺华	江苏英诺华医疗技术有限公司
华大基因	深圳华大基因股份有限公司
贝瑞和康	北京贝瑞和康生物技术有限公司
丽珠诊断	珠海丽珠圣美医疗诊断技术有限公司
迪瑞医疗	迪瑞医疗科技股份有限公司
美艾利尔	Alere Inc.
奥托临床诊断	Ortho clinical diagnostics Inc
贝克曼库尔特	Beckman Coulter Inc

施乐辉	Smith & Nephew Plc
捷迈邦美	Zimmer Biomet Holdings, Inc.
德鲁伊(DePuy)	DePuy Synthes
完全基因(CG)	Complete Genomics
启发(Illumina)	Illumina, Inc.
瑞特医疗	Wright Medical Group N.V.
丽瓦诺瓦(LivaNova)	LivaNova PLC
蓝帆医疗	蓝帆医疗股份有限公司
柏盛国际	Biosensors International Group, Ltd.
康德乐	Cardinal Health.
麦克森	McKesson Corporation
吉威医疗	山东吉威医疗制品有限公司
CBCHII	CB 心脏支架 CBCardioHoldings II , Ltd
昆泰(Quintiles)	美国昆泰跨国公司 Quintiles Transnational Holdings,Inc
QuintilesIMS	昆泰 IMS 医药 Quintiles IMS Holdings, Inc
科文斯(Covance)	Covance Inc
PPD	医药产品开发公司 Pharmaceutical Product Development, LLC.
精鼎医药	PAREXEL International
EPS 株式会社	EPS Holdings, Inc.
查尔斯河(Charles River)	Charles River Laboratories International, Inc.
爱尔兰生物医药(ICON)	ICON Public Limited Company
实验室集团(LabCorp)	Laboratory Corporation of America Holdings
INC 研究(INC Research)	Syneos Health
inVentiv Health	盈帆达医药咨询公司 inVentiv Health
现代医疗(Moderna)	Moderna Therapeutics
三信(X-Chem)	X-Chem,Inc
肯德尔国际(Kendle)	Kendle international, Inc.
韩国 Dream CIS	DreamCIS Inc.

爱普泰克（AppTec）	WuXi AppTec
百奇生物	百奇生物科技（苏州）有限公司
上海津石	上海津石医药科技有限公司
杰成医疗	苏州杰成医疗科技有限公司
美新诺	南京美新诺医药科技有限公司
美新诺医药科技（XenoBiotic）	XenoBiotic Laboratories，Inc.
明码生物科技（NextCODE）	NextCODE Health/WU XI NextCODE
尚华医药	尚华医药研发服务集团
方达医药	方达医药技术（上海）有限公司
北医仁智	北医仁智（北京）医学科技发展有限公司
上海晟通	上海晟通医药供应链管理有限公司
泰州康利华	泰州康利华医药科技有限公司
谋思医药	上海谋思医药科技有限公司
捷通泰瑞	泰州捷通泰瑞医药科技有限公司
博济医药	广州博济医药生物技术股份有限公司
Humphries	汉佛莱医药顾问有限公司 Humphries Pharmaceutical Consulting
格林伯格（Greenberg）	Greenberg Technologies
南京禾沃	南京禾沃医药有限公司
HDB	辉源生物科技（上海）有限公司
美斯达	美斯达（上海）医药开发有限公司
瀚宇药业	深圳翰宇药业股份有限公司
药明生物	上海药明生物技术有限公司
药明巨诺	上海药明巨诺生物科技有限公司
万神殿（Patheon）	Patheon，Inc.
康泰伦特药业（Catalent）	Catalent，Inc
龙沙（Lonza）	Lonza Group AG
勃林格殷格翰	Boehringer-Ingelheim
Jubilant	吉友联有机化学有限公司 Jubilant Life Sciences Ltd

亚力兄制药（Alexion）	Alexion Pharmaceuticals，Inc.
博腾美研（Porton）	Porton USA，L.L.C
普洛药业	普洛药业股份有限公司
九洲药业	浙江九洲药业股份有限公司
J-STAR	J-STAR 研究公司 J-STAR Research,Inc.
易普森（Ipsen）	Ipsen S.A.
辉凌制药（Ferring）	Ferring Holding S.A.
金赛药业	长春金赛药业股份有限公司
爱斯达	ASTA Medica AG
高特制药（CodalSynto）	CodalSynto Ltd
衡山药业	上海衡山药业有限公司
康和药业	广州康和药业有限公司
默克	Merck KGaA
丰原制药	马鞍山丰原制药有限公司
佛里特实验（Fleet Lab）	Fleet Laboratories Ltd.
仙琚制药	浙江仙琚制药股份有限公司
爱生药业	浙江爱生药业有限公司
浙江医药	浙江医药股份有限公司
索尔维	Solvay S.A.
爱维艾夫	爱维艾夫医疗集团
迈阿密 Advanced	Advanced Auto Diagnostics
英国波恩公司	Bourn Hall Limited
杭州波恩	杭州波恩生殖技术管理有限公司
健康元	健康元药业集团股份有限公司
步长制药	山东步长制药股份有限公司
BDM	BDM 咨询股份有限公司 BDM Consulting，Inc.

资料来源索引

公司简称	公司全称
IMF	国际货币基金组织 International Monetary Fund
IMS Health	艾美仕市场研究公司 IMS Health Inc.
Wind	万得信息技术股份有限公司
世界卫生组织（WHO）	World Health Organization
美国食品及药物管理局（FDA）	Food and Drug Administration
彭博社	Bloomberg L.P.
Mergermarket	并购市场资讯有限公司 Mergermarket Limited
汤森路透	Thomson Reuters Corporation
花旗研究	Citibank Research
PubMed	生物医学文献数据库 PubMed
EvaluatePharma	药物评价咨询机构
PhRMA	美国制药研究和制造商协会 Pharmaceutical Research and Manufacturers of America
CFDA	国家食品药品监督管理总局 China Food and Drug Administration

申万宏源	申万宏源证券有限公司
药渡数据	药渡(北京)医药信息咨询有限公司
药事纵横	药事纵横微信公众号
EvaluateMedTech	Evaluate Ltd
米内网	广州标点医药信息股份有限公司
Allied Market Research	美国联合市场研究 Allied Analytics, LLC.
前瞻产业网	深圳前瞻资讯股份有限公司
中信建投	中信建投证券股份有限公司
Kalorama Information	卡洛拉马信息公司 Market Research Group, LLC.
智研咨询	北京智研咨询有限公司
William Blair	威廉布莱尔投资公司 William Blair & Company
制药项目(Pharma Projects)	Informa PLC
南方所	南方医药经济研究所
临床领袖(Clinical Leader)	Vertmarkets, Inc.
克里斯尔(Crisil)	CRISIL Limited
Frost&Sullivan	弗若斯特沙利文咨询公司 Frost&Sullivan
CenterWatch	中心观察 CenterWatch
广发证券	广发证券股份有限公司
Business Insights	商业观察 Business Insights, Inc.
求医网	北京时代网创科技发展有限公司
百度百科	北京百度网讯科技有限公司
薄荷孕育	南京天育信息科技有限公司
PDB	蛋白质数据库 Protein Data Bank
中康(CMH)	广州中康资讯股份有限公司
Tufts	Tufts Center for the Study of Drug Development

后　记

中投研究院立足为中投公司战略和内部投资决策提供独立、客观和前瞻性的研究支持,并在此基础上为国家提供金融经济改革方面的政策建议,长远目标是要打造具有一定社会和国际影响力的"智库"和为公司及中国金融体系储备和培养人才的"人才库"。"跨境投资导读"系列丛书即研究院响应党的十九大报告提出的"创新对外投资方式"的重大战略部署,对国内企业跨境并购与投资进行的一次系统梳理和总结,希望为国内产业界和投资界在对外投资的目标和方式选择上提供决策参考。

本书聚焦医疗领域的跨境投资,由聂汝总执笔。作为中投研究院历时半年的著作,《中国医疗企业跨境投资导读》的完成凝结了许多人的心血,许多具有远见卓识的同仁们为本书提供了独到的见解。

首先,本书的出版发行得到了人民出版社的大力支持,特别是编辑对本书的文稿整理、策划等提出了宝贵的意见和建议,在此表示由衷的感谢。其次,我要感谢初稿写作中相关人士的帮助,特别是中投公司副总经理祁斌,他为本书主题的确立提出重要建议并推动了本系列丛书的出版。还要感谢中投研究院陈超副院长,他为本书的框架、主要观点、资料收集以及出版方面提供了丰富的重要支持。最后,还要感谢广发证券医药研究员罗佳荣和申万宏源医药研究员杜舟,他们为本书的撰写提供了翔实的数据、新的思路和专业指导。

本书难免有疏误之处,敬请业界人士和单位指正,欢迎广大读者朋友批评并提出宝贵的建议。

责任编辑:关　宏　曹　春
封面设计:汪　莹

图书在版编目(CIP)数据

中国医疗企业跨境投资导读/中国投资有限责任公司研究院 编写. —北京:
人民出版社,2020.1
ISBN 978－7－01－020135－1

Ⅰ.①中… Ⅱ.①中… Ⅲ.①制药工业-工业企业-海外投资-研究-中国
②医疗器械-制造工业-工业企业-海外投资-中国　Ⅳ.①F426.7

中国版本图书馆 CIP 数据核字(2018)第 282620 号

中国医疗企业跨境投资导读
ZHONGGUO YILIAO QIYE KUAJING TOUZI DAODU

中国投资有限责任公司研究院　编写

人民出版社 出版发行
(100706　北京市东城区隆福寺街 99 号)

北京盛通印刷股份有限公司印刷　新华书店经销

2020 年 1 月第 1 版　2020 年 1 月北京第 1 次印刷
开本:710 毫米×1000 毫米 1/16　印张:11.5
字数:133 千字

ISBN 978－7－01－020135－1　定价:46.00 元

邮购地址 100706　北京市东城区隆福寺街 99 号
人民东方图书销售中心　电话 (010)65250042　65289539